ALBÉRIC SECOND & LÉON BEAUVALLET

LA
VICOMTESSE ALICE

DRAME

EN CINQ ACTES ET HUIT TABLEAUX

PARIS

PAUL OLLENDORFF, ÉDITEUR

28 *bis*, RUE DE RICHELIEU, 28 *bis*

—

1885

LA
VICOMTESSE ALICE

DRAME

EN CINQ ACTES ET HUIT TABLEAUX

Représenté pour la première fois, à Paris, sur le THÉÂTRE DES NATIONS,
le 28 septembre 1882.

Imprimerie générale de Châtillon-sur-Seine. — A. Pichat.

ALBÉRIC SECOND & LÉON BEAUVALLET

LA
VICOMTESSE ALICE

DRAME

EN CINQ ACTES ET HUIT TABLEAUX

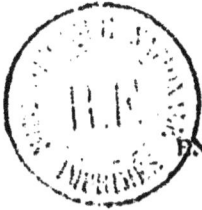

PARIS

PAUL OLLENDORFF, ÉDITEUR

28 *bis*, RUE DE RICHELIEU, 28 *bis*

—

1885

PERSONNAGES

RENÉ DERVILLE, 25 ans,	MM. J. Renof.
CARDOT, 50 ans	Monnet.
FANFERDOULE, 25 ans,	E. Petit.
LE MARQUIS DE L'OSERAIE, 35 ans	Dalbert.
LORIOT, 18 ans,	Stéphen.
BALTHAZAR, 40 ans,	Larmet.
PIRARD, 50 ans	Heuguenet.
BOLESKOFF, 40 ans	Fernand.
MARIUS, 40 ans,	Franco.
CÉSAR, 30 ans,	Léo.
UN ANGLAIS, 40 ans,	Florent.
MICHEL,	Reverat.
UN MAITRE D'HOTEL,	Gontran.
UN INSPECTEUR DE L'OPÉRA,	
UN GARDIEN	
UN CONSOMMATEUR,	
DEUX TÉMOINS	
UN AGENT DE POLICE	
LA VICOMTESSE ALICE, 22 ans,	Mmes Jeanne Pazzi.
LA BARONNE DE BALBANS, 40 ans	Honorine.
MADAME DERVILLE, 40 ans,	Jeanne Aspréé.
FRÉDÉRIKA, 20 ans	Descorval.
LAURETTE,	Thierry.
MADAME MOUTON, 50 ans	Philibert.
MADEMOISELLE PHÉMIE, 25 ans	Petit.

CONSOMMATEURS, PASSANTS, MASQUES, FOUS ET FOLLES.

À Paris, à Nice, à Francheville.

TABLEAUX

1er L'Agence Cardot. — 2e Le Suicide.
3e Un drame à l'Opéra. — 4e L'hôtel des Pommes d'Or.
5e Le carnaval de Nice. — 6e Monsieur Judas.
7e Un duel à mort. — 8e Le tribunal des fous.

LA VICOMTESSE ALICE

PREMIER TABLEAU

L'agence Cardot.

Petit cabinet d'homme d'affaires. — Cartons et paperasses. A gauche, le bureau de M. Cardot. — A droite, la table de Loriot. — Porte au fond ; porte latérale et fenêtre à droite. — Une caisse à gauche.

SCÈNE PREMIÈRE

LORIOT, assis à droite, devant sa table.

Au lever du rideau, penché sur une grande feuille de papier, il achève de transcrire une affiche dont le brouillon est devant lui.

LORIOT, lisant l'affiche qu'il vient d'écrire.

« Jean-Baptiste Cardot et compagnie, fait l'escompte, » reçoit les ordres de Bourse, et achète les reconnaissan- » ces du Mont de Piété. Spécialité de reports et de place- » ments aussi sûrs qu'avantageux. » (Il se lève.) Sapristi !... Je me suis joliment appliqué !... Si M. Cardot n'est pas content, il n'y a plus de justice... (Il pose l'affiche sur un meuble face au public.) Avec sa face pâle et ses cheveux roux, il ne me revient pas du tout, le patron, et je suis joliment vexé que mes père et mère m'aient fourré dans cette boîte. J'étais né pour d'autres destinées. — J'ai une

1

vocation : l'Épicerie !... Oh! être chef de rayon chez M. Potin, quel rêve! (Plaçant un paquet de lettres sur le bureau de M. Cardot.) Encore une lettre de Francheville... En reçoit-il de ce pays... c'est là que se trouve la maison de fous qui lui appartient et que dirige M. Balthazar... (Apercevant M. Cardot qui entre par le fond.) Le patron !... Tiens, il a l'air de bonne humeur, ce matin !... ça le change !

SCÈNE II

CARDOT, LORIOT.

CARDOT, après avoir regardé l'affiche.

Mes compliments! c'est moulé. Est-on venu me demander ?

LORIOT.

Pas encore, monsieur Cardot.

CARDOT.

Ma lettre à M. de l'Oseraie a-t-elle été portée?

LORIOT.

Moi-même je l'ai remise au valet de chambre du marquis.

CARDOT.

Avez-vous dit qu'il s'agissait d'une communication importante et pressée?

LORIOT.

Très pressée et de la plus haute importauce.

CARDOT, bas, à part.

Parbleu! Si vous ne vous dérangez pas cette fois, monsieur de l'Oseraie, gare à vous! (Haut.) Mon courrier...

LORIOT.

Monsieur le trouvera sur son bureau.

CARDOT.

Je suis satisfait de votre zèle et de votre exactitude, mon jeune ami. A ces qualités si vous joignez une discrétion à toute épreuve; si vous ne savez pas voir certaines choses, ne pas entendre certaines paroles, nous ferons un long bail ensemble et vous ne vous en repentirez pas.

Il s'est assis à son bureau et, tout en parlant, il a décacheté une lettre.

LORIOT.

Je ferai pour le mieux, monsieur Cardot, (Bas, allant se rasseoir à sa table.) Sourd et aveugle, merci!... voilà une situation sociale!

CARDOT, il prend une deuxième lettre.

Le timbre de Francheville... L'écriture de Balthazar. (Lisant à demi-voix.) « Grande et bonne nouvelle : Notre » pensionnaire Pierre Desvignes est au plus bas. Si tout » marche comme il y a lieu de l'espérer, je serai chez » vous peu après cette lettre. » Tiens, tiens! Avant-hier encore Pierre Desvignes n'était pas malade, que je sache... il y a du Balthazar là-dessous. (Coup de sonnette. A Loriot.) Voyez qui est là et allez déjeuner; je vous accorde cinq minutes. A votre âge, il serait malsain de trop manger. (Loriot sort.) Est-ce le marquis de l'Oseraie? (Tirant sa montre.) Non; pas encore... Le rendez-vous est à onze heures et demie... j'ai rêvé de poules blanches l'autre nuit; on assure que c'est bon signe... Et, par ma foi, mon rêve n'a pas menti; c'est ce cher Balthazar!

Il se lève.

SCÈNE III

CARDOT, BALTHAZAR.

CARDOT.

Eh bien?... Pierre Desvignes?

BALTHAZAR.

N-i-ni, c'est fini.

CARDOT.

Mort subitement alors ?

BALTHAZAR.

A peu près.

CARDOT.

Tu étais là ?

BALTHAZAR.

Je crois fichtre bien !

CARDOT.

Tu as recueilli ses dernières paroles... qu'a-t-il dit ?

BALTHAZAR.

Toujours la même chanson : réclamant sa liberté avec une obstination gênante... On n'avait pas le droit de le tenir prisonnier... il n'était pas, il n'avait jamais été fou.

CARDOT.

Connu !... Si on les écoutait, on n'aurait plus qu'à démolir Charenton et Sainte-Anne!

BALTHAZAR.

Entre nous, il y a un an, à son entrée dans l'asile, il avait tout son bon sens, le pauvre vieux!... Comment vous y êtes-vous pris pour nous l'amener ?

CARDOT.

Ça, c'est affaire à moi... Et de quelle façon a eu lieu l'accident ? Conte-moi l'anecdote en détail, mon doux Balthazar.

Il s'assied à son bureau; Balthazar s'assied en face de lui.

BALTHAZAR.

Ah! mon Dieu! c'est bien simple... Pierre Desvignes m'assommait à la fin avec ses réclamations bruyantes. La camisole de force, les douches glacées, les coups, rien n'y faisait. Pas moyen de le faire taire. Il réclamait toujours... il aurait fini par compromettre la renommée de l'établissement. Hier, comme il était plus agité que de coutume, et comme il n'avait pas fermé l'œil depuis plusieurs nuits, le docteur a ordonné dix gouttes d'opium. C'était écrit en chiffres; j'ai mal lu... je me suis trompé; j'ai cru qu'il y avait un zéro de plus...

CARDOT.

Le comble de la distraction! Et tu as administré les cent gouttes à Pierre Desvignes, grand enfant?

BALTHAZAR.

Mon Dieu, oui!

CARDOT.

Et après?

BALTHAZAR.

Après, il s'est endormi... Et il ne s'est pas réveillé...

CARDOT.

Ce diable de Balthazar!... Bien distrait, mais malin comme un singe!

BALTHAZAR.

Vous êtes content de votre petit Balthazar?

CARDOT.

Ravi! et mon ravissement se traduira autrement que par des paroles, sois-en sûr.

BALTHAZAR.

Je l'ai toujours pensé.

CARDOT.

Si je fais fortune, et je suis en bon chemin, tu auras ta part.

BALTHAZAR.

J'y compte bien.

CARDOT.

Oh! la fortune! Y a-t-il assez longtemps que je la guette et que je m'essouffle à courir après!

BALTHAZAR.

Vous n'êtes déjà pas si à plaindre... Vous gagnez de l'argent partout : ici et là-bas.

CARDOT.

Sans doute,... mais pas assez pour contenter mon ambition, pour calmer ma fièvre... car je suis dévoré d'une fièvre, Balthazar ; la plus brûlante qui soit : la fièvre de l'or. Elevé par charité, je quittai mon trou natal, où il n'y avait pas d'eau à boire... J'étais résolu à m'enrichir... honnètement, si c'était possible ; autrement, si c'était nécessaire.

BALTHAZAR.

Et vous n'avez jamais eu de difficultés avec la gendarmerie?

CARDOT.

Jamais.

BALTHAZAR.

C'est de la veine !

CARDOT.

C'est du bien joué! il n'y a que les imbéciles pour se laisser prendre. Quand j'eus de quoi payer la patente d'escompteur, je m'installai ici. Le ciel a béni mes efforts... Mes petites affaires ont prospéré... Finalement j'ai pu commanditer la maison dont tu es le plus bel ornement, ô Balthazar ! Idée sublime ! Je lui devrai le million de mes rêves...

BALTHAZAR, il se lève.

Un million !

CARDOT, il se lève.

Peut-être plus... La partie n'est pas encore gagnée, c'est vrai, mais j'ai de bons atouts dans mes cartes. Célibataire et ne se connaissant pas d'héritiers, le vieillard, que tu as si ingénieusement endormi, avait légué toute sa fortune à l'assistance publique.

BALTHAZAR.

En ce cas, qu'espérez-vous?

CARDOT.

Oui... mais le testament a passé par mes mains et je l'ai pieusement anéanti. Pierre Desvignes se trompait : je lui ai découvert une petite nièce... au sixième degré... une dame Derville, dont le fils étudie la peinture à Rome... et elle est veuve ! mon bon Balthazar, elle est veuve !

BALTHAZAR.

Compris... A-t-elle quelque chose de son chef, cette dame Derville?

CARDOT.

De quoi manger du pain sec dans le trou où elle s'est enterrée après la mort de son mari.

BALTHAZAR.

La nouvelle de cet héritage a dû la combler de joie...

CARDOT.

Te figures-tu donc que je lui aie fait cette confidence? elle saura ou elle ne saura pas... ça dépendra des circonstances.

BALTHAZAR.

Sans doute... ç'eut été bête... Comment l'avez-vous connue?

CARDOT.

On lui a conté que mes clients touchaient à ma caisse des intérêts fabuleux gagnés dans des opérations fantastiques, rumeur bienfaisante sortie du boudoir de ma portière, et qui s'est répandue de proche en proche. C'est à cette légende que j'ai dû la visite de madame Derville. Elle m'apportait un titre de rente de quinze cents francs, me suppliant de faire valoir son unique fortune.

BALTHAZAR.

Je vous connais... Vous avez empoché le titre de rente de quinze cents francs...

CARDOT.

Non, monsieur Balthazar, non... je refusai énergique-
ment. Elle insista; je persistai dans mon refus. Enfin, il
y a un mois, je cédai à ses prières. Aujourd'hui même
elle va venir connaître le résultat de mes premières opérations.

BALTHAZAR.

La future madame Cardot est-elle encore présentable?

Un coup de sonnette.

CARDOT.

Ouvre les yeux et regarde; je suppose que tu vas la
voir paraître.

Loriot introduit une dame.

BALTHAZAR, bas à Cardot.

Serait-ce la personne en question?

CARDOT.

C'est elle! Va-t'en et emmène le petit.

Balthazar sort avec Loriot qu'il bouscule.

SCÈNE IV

CARDOT, MADAME DERVILLE.

CARDOT.

La Banque de France n'est pas plus ponctuelle que
vous, madame Derville.

MADAME DERVILLE.

Est-ce un reproche? Peut-être suis-je venue trop matin?

CARDOT.

Tout au contraire.

D'un geste, il l'invite à s'asseoir.

MADAME DERVILLE, assise à droite.

Il faut excuser mon impatience, j'ai hâte d'être renseignée... Vos opérations ont-elles réussi? Aurai-je un beau dividende?

CARDOT, assis à gauche.

Avant de vous répondre, permettez que j'aborde un sujet qui a son importance. A quel âge vous a-t-on mariée, madame Derville?

MADAME DERVILLE.

J'avais à peine seize ans.

CARDOT.

Et vous êtes veuve?

MADAME DERVILLE.

Depuis sept ans.

CARDOT.

M. Derville était fonctionnaire; il avait un beau traitement, mais aucun patrimoine. Il ne comptait pas assez d'années de service pour que l'État vous dût une pension. Sa mort vous a laissée dans une situation pénible?

MADAME DERVILLE.

Mais, monsieur... cet interrogatoire...

CARDOT.

Soyez convaincue, chère madame, que ce n'est pas une vaine curiosité qui me fait vous questionner ainsi!

MADAME DERVILLE.

Veuillez au moins m'expliquer dans quel but...

CARDOT.

L'explication viendra à son heure... Je m'étonne que vous soyez restée veuve.

MADAME DERVILLE.

Pourquoi vous étonner? C'est tout naturel.

1.

CARDOT.

Cependant, si votre main était sollicitée par un homme riche, honorable, invinciblement attiré vers vous par la sympathie la plus sincère, la plus ardente...

MADAME DERVILLE, se levant.

Pardon, monsieur, suis-je ici dans l'office d'un agent matrimonial ou dans le cabinet d'un banquier?...

CARDOT. Il se lève.

Supposez que je sois l'un et l'autre.

MADAME DERVILLE.

Auriez-vous donc un mari à me proposer, monsieur Cardot?

CARDOT.

Précisément, madame.

MADAME DERVILLE.

Eh bien! dites à ce prétendant que je me tiens pour très honorée de sa sympathie, mais que je ne me remarierai jamais.

CARDOT.

Réfléchissez pourtant aux avantages...

MADAME DERVILLE.

C'est une résolution dont je ne me départirai pas... Brisons là...

CARDOT.

Eh quoi! il ne vous plaît pas de savoir comment s'appelle celui...

MADAME DERVILLE.

Non, quoique femme, je ne suis pas curieuse.

CARDOT.

Vous le connaîtrez cependant... Que dis-je? Vous le connaissez déjà...

MADAME DERVILLE.

Moi!

CARDOT.

Il est devant vous, madame.

MADAME DERVILLE.

En vérité? C'est de vous qu'il s'agit, monsieur Cardot?

CARDOT.

De moi-même.

MADAME DERVILLE.

Mais c'est à peine si vous m'avez vue!

CARDOT.

Ne peut-on, d'un seul regard, quand on s'y entend un peu, évaluer la richesse d'un trésor? Je vous ai vue assez, madame, pour être sûr que le bonheur est près de vous et pour avoir le droit de vous dire : Je vous aime!

MADAME DERVILLE.

Vous vous trompez; ce droit, je vous le dénie absolument. L'homme regretté dont je porte encore, dont je porterai toujours le deuil, le père de mon fils bien-aimé, m'a légué un nom respectable et respecté que je garderai jusqu'à ma mort.

CARDOT.

C'est votre dernier mot?

MADAME DERVILLE.

Le dernier... Et désormais qu'il ne soit plus question de ceci entre nous. Toute insistance de votre part serait une insulte pour moi. Vous connaissez le motif qui m'amène... Je vous écoute.

Elle se rassied à droite.

CARDOT.

Vous me rendrez cette justice que j'ai retardé autant que j'ai pu la confession qui me reste à vous faire.

MADAME DERVILLE.

Quelle confession?

CARDOT.

Quand vous me fîtes l'honneur de venir chez moi, l'esprit troublé, et comme affolée par je ne sais quels commérages ridicules, ne m'avez-vous pas dit : « Ce n'est pas » d'un placement ordinaire pour mes trente mille francs » qu'il s'agit; associez-moi, de grâce, à une de ces spécu- » lations hardies qui rapportent de gros bénéfices. »

MADAME DERVILLE.

En effet, ce furent mes paroles.

CARDOT.

Ai-je refusé de 'prendre votre argent dans des conditions ainsi déterminées?

MADAME DERVILLE.

C'est exact.

CARDOT.

Êtes-vous revenue me solliciter?

MADAME DERVILLE.

Oui.

CARDOT.

Et lorsque j'eus la faiblesse de céder à vos instances, ne vous ai-je pas tenu ce langage?: « Prenez garde, rien » n'est plus périlleux. Dans ces sortes de parties, de » même qu'on peut doubler sa mise, on peut tout per- » dre. »

MADAME DERVILLE, elle se lève.

Eh bien !... Parlez... mais parlez donc... vous me faites mourir.

CARDOT.

Eh bien! madame, j'ai la douleur de vous annoncer qu'abusé par de faux renseignements, victime de manœuvres odieuses, j'ai été dépouillé d'une somme considérable... et que votre enjeu a sombré avec le mien.

MADAME DERVILLE.

Vous me trompez... vous voulez me punir de mon refus... Dites-moi que ce n'est pas vrai.

CARDOT.

Hélas! madame... c'est la triste vérité.

MADAME DERVILLE.

Mais c'est affreux!... c'est ma ruine, c'est la ruine de
mon cher René.

CARDOT.

Nous avons joué et nous avons perdu... Soyons beaux
joueurs... Ne faisons pas de musique.

MADAME DERVILLE.

Ruinée! ruinée! La misère pour nous deux! Que devenir?

CARDOT.

Epargnez-vous la peine de solliciter un service d'argent... je serais contraint de refuser.

MADAME DERVILLE.

Et c'est moi... qui ai fait cela!... c'est moi qui l'ai
voulu... mon fils réduit à la mendicité... et par ma faute!
Ah! malheureuse!...

> Elle éclate en sanglots. Cardot frappe sur un timbre. Loriot
> paraît au fond.

SCÈNE V

LES MÊMES, LORIOT, entrant du fond.

CARDOT, à Loriot.

Un verre d'eau à madame qui se trouve mal!

LORIOT, s'empressant de la servir, bas.

Pauvre femme! Qu'a-t-il pu lui faire, ce méchant rou-
get?

MADAME DERVILLE, repoussant le verre que Loriot lui offre.

Merci!

Elle remonte la scène.

CARDOT, la suivant.

Songez à ma proposition, madame; soyez raisonnable...
j'espère vous revoir bientôt.

MADAME DERVILLE.

Jamais! Je sais ce qu'il me reste à faire. Que Dieu et
mon fils me pardonnent!

Elle sort par le fond.

CARDOT, à Loriot.

L'escalier est obscur... Offrez le bras à madame (Le re.
tenant.) et souvenez-vous de nos conventions: il y a des
choses que vous ne devez pas voir; des paroles que vous
ne devez pas entendre... Allez!

LORIOT, à part.

Il vient de se payer une gredinerie... c'est sûr.

Il court à madame Derville qui est déjà sortie.

SCÈNE VI

CARDOT, seul.

Son nom!... elle gardera son nom jusqu'à sa mort...
Ne dirait-on pas qu'elle est veuve d'un Rohan ou d'un
Montmorency! Est-ce que madame Cardot ne vaut pas
madame Derville?... Un million qui eût fait tant de petits
entre mes mains! Un million que je me voyais prêt à
saisir et qui s'en va en fumée!... Encore si elle crevait
de faim et de misère, ce serait une consolation... mais
non! Demain la lumière se fera, la vérité lui sera dévoi-
lée... Et c'est elle qui héritera!... Echouer au port!... une
affaire si bien emmanchée!

*La porte du fond s'ouvre bruyamment. Paraît la baronne de
Balbans.*

SCÈNE VII

LA BARONNE, CARDOT.

CARDOT.

Est-ce possible? madame la baronne de Balbans...chez moi! Quel honneur!

LA BARONNE, elle s'assied à droite.

Mon Dieu! mon pauvre Cardot, que vous êtes logé haut et que vous avez un escalier casse-cou!

CARDOT.

Il fallait m'écrire... je serais accouru.

LA BARONNE.

Oui... vous seriez accouru dans huit jours... On vous connaît... Comme si j'avais le temps d'attendre votre visite!

CARDOT.

Ce que vous avez à me dire est donc bien pressé?

LA BARONNE.

Extraordinairement pressé!

CARDOT.

Alors, je devine.

LA BARONNE.

Qu'est-ce que vous devinez, Cardot?

CARDOT.

Madame la baronne descend de wagon?

LA BARONNE.

Ce matin même.

CARDOT.

Elle vient de Monte-Carlo?

LA BARONNE.

En droite ligne.

CARDOT.

Madame la baronne a cultivé la roulette...

LA BARONNE.

Et le trente et quarante aussi.

CARDOT.

Naturellement, elle a perdu.

LA BARONNE, se levant.

Tout le temps, mon bon Cardot, tout le temps ! une déveine noire !

CARDOT.

Et madame la baronne est décavée !

LA BARONNE.

Plus que vous ne pourriez croire.

CARDOT.

Il lui faut de l'argent...

LA BARONNE.

Ce diable d'homme est sorcier !...

CARDOT.

Madame la baronne a-t-elle apporté certaine parure d'émeraudes entourée de diamants ?

LA BARONNE.

Non !

CARDOT.

Où est-elle ?

LA BARONNE.

Là-bas ! en plan.

CARDOT.

En ce cas, désolé... nous ne ne ferons pas d'affaires ensemble.

LA BARONNE.

Vous n'y pensez pas, Cardot ; je suis à sec !

CARDOT.

Adressez-vous à madame votre nièce, à celle dont le nom retentit sans cesse dans les journaux, à la belle vicomtesse Alice ; elle vous remettra à flot... feu M. de Morignac lui a laissé une fortune princière !

LA BARONNE.

Impossible... nous sommes en froid... Alice est furieuse que je joue.

CARDOT.

A vrai dire, elle n'a pas tort... cette passion vous coûte cher...

LA BARONNE.

Elle me coûte la plus grosse partie de la rente de cinquante mille francs que m'a assurée M. de Morignac, lorsque, grâce à moi, il a pu épouser ma chère nièce. Voyons, Cardot, ne soyez pas impitoyable.

CARDOT.

Les temps sont durs, l'argent se cache... j'ai une grosse échéance, fin courant.

LA BARONNE.

Cinq billets de mille, mon petit Cardot... rien que cinq. Je toucherai un quartier de ma rente dans un mois... et, foi de Balbans, ce jour-là, je vous en rendrai six.

CARDOT.

Foi de Cardot, je le voudrais que je ne le pourrais pas... mais, je peux vous donner un conseil... un bon, et gratis... Trouvez pour madame votre nièce une deuxième édition de M. de Morignac ; vous doublerez ainsi votre revenu.

LA BARONNE.

Je ne demanderais pas mieux que de voir Alice remariée, surtout dans ces conditions... Le malheur est qu'elle a lassé, découragé tous ses prétendants. Et Dieu sait s'il s'en est présenté ! Tous se sont retirés... la retraite des Dix mille !

CARDOT, regardant à la fenêtre de droite.

Vous devez être mal informée... Il en reste un... toujours solide au poste, celui-là. Un brave !

LA BARONNE.

Qui donc ?

CARDOT, faisant signe d'approcher.

Madame la baronne reconnait-elle la personne qui descend de coupé à ma porte ?

LA BARONNE, a mis son pince-nez.

C'est le marquis Gaston de l'Oseraie... où va-t-il ?

CARDOT.

Dans un instant, ce gentilhomme montera mon escalier casse-cou.

LA BARONNE.

Vous êtes en relation avec le marquis, vous, Cardot ?

CARDOT.

Oh ! je connais du monde chic... Madame la baronne en sait quelque chose !

LA BARONNE.

Que vient faire chez vous M. de l'Oseraie ?

CARDOT, montrant la porte à droite.

Entrez là... soyez attentive... vous le saurez...

LA BARONNE.

Et mes six mille francs ?

CARDOT.

Pardon, vous avez dit cinq mille !

LA BARONNE.

Les aurai-je ?

CARDOT.

Peut-être... si vous me donnez le coup d'épaule que j'attends de vous.

LA BARONNE.

Quel coup d'épaule?

CARDOT.

Entrez, entrez vite. (La baronne entre à droite.) Il est exact; ma prose a produit son effet... A nous deux, monsieur le marquis.

Il s'assied à son bureau.

SCÈNE VIII

CARDOT, LE MARQUIS DE L'OSERAIE.

Il s'avance silencieux et se pose menaçant devant Cardot.

LE MARQUIS.

Vous vous appelez Cardot?

CARDOT, sans se lever.

Jean-Baptiste Cardot, oui, monsieur le marquis.

LE MARQUIS.

C'est vous qui avez écrit ces insolences : (Lisant.) « Der-
» nier avertissement sans frais. Demain, chez moi, place
» Saint-André-des-Arts, numéro 60, à onze heures et de-
» mie très précises, ou sinon, gare la bombe... je vous
» salue, Cardot. »

CARDOT.

Le style est médiocrement parlementaire, j'en con-
viens; mais à qui la faute? A vous, à vous seul, monsieur
le marquis! Pourquoi m'avoir consigné à votre porte?
Pourquoi laisser mes lettres sans réponse? Ça n'est pas
poli.

LE MARQUIS.

Et pourquoi vous aurais-je répondu? Pourquoi vous aurais-je reçu? Est-ce que je vous connais, moi?

CARDOT.

Allons! Je vois que mes lettres, excepté la dernière, n'ont pas même été décachetées... Autrement, M. le marquis saurait que nous ne sommes pas aussi étrangers l'un à l'autre qu'il le pense.

LE MARQUIS.

Je ne comprends pas.

Il s'assied en face de Cardot.

CARDOT.

Je vais me faire comprendre. Dans une heure d'angoisse cruelle, menacé d'être affiché à son cercle, M. de l'Oseraie fit escompter par un naïf, une traite de soixante mille francs, acceptée soi-disant par un millionnaire... très connu... La traite devait être payée trois mois après. Elle ne l'est pas encore après deux ans! Désespérant de revoir son argent, et reculant devant l'emploi des grands moyens, le prêteur de M. le marquis, le naïf, m'a vendu sa créance.

LE MARQUIS.

Eh bien! il a attendu... il a été patient... faites comme lui.

CARDOT.

Oh! moi... c'est différent, la patience n'est pas mon fort. Donc, que M. le marquis se tienne pour averti : ou je serai promptement désintéressé, capital et intérêts, ou je ferai un tel tapage que l'on finira par m'entendre.

LE MARQUIS, se levant.

Scandale inutile... je ne paierai pas!

CARDOT.

M. le marquis est ruiné, je le sais. Les belles-petites, les écuries de courses et le baccara en ont ruiné bien d'autres.

LE MARQUIS.

Etant si bien informé de l'état de mes affaires, je m'étonne que vous ayez pris la place de mon créancier.

CARDOT.

C'est sans doute que je suis au courant de certaines petites choses intéressantes que le brave homme ignore.

LE MARQUIS.

Expliquez-vous !

CARDOT.

Le prêteur des soixante mille francs connaît-il l'existence de madame de Morignac? Assurément non!

LE MARQUIS.

Madame de Morignac!...

CARDOT.

Autrement dit, la vicomtesse Alice, la plus millionnaire et la plus jolie veuve de ce temps.

LE MARQUIS.

A quel propos vous permettez-vous de prononcer ce nom respecté?

CARDOT.

Parce qu'il est à ma connaissance que M. de l'Oserale aspire à épouser madame de Morignac! Raisonnons et précisons : ou elle sera marquise et elle viendra en aide à son mari... et ce sera bien naturel... ou elle restera vicomtesse et il lui sera facile de secourir... son amant.

LE MARQUIS.

Misérable ! Taisez-vous!

CARDOT, se levant.

Pas d'emportement, monsieur le marquis. Soyons gentlemen. (Reprenant.) Si j'ai conclu l'affaire, c'est que j'avais soupçon de l'aventure. Depuis ce temps, je me suis attaché à vos pas; je vous ai filé à votre insu; je vous dirais combien de fois par semaine on vous reçoit et le temps que durent vos tête-à-tête. Je pensais que vos deux noms brilleraient bientôt côte à côte, sous les grillages de vos mairies respectives... Eh bien! non... je n'ai rien vu... et même je constate que, loin d'approcher du but, vous semblez vous en éloigner. Lorsque vous paraissez dans sa loge, à l'Opéra, la vicomtesse Alice montre une sorte d'impatience. Rarement vous obtenez la faveur de lui offrir le bras et de la mener à sa voiture. Est-ce bouderie d'amoureux? Avez-vous un rival? Toujours est-il que je ne suis pas positivement tranquille... J'ai besoin d'être édifié et rassuré! Vous n'avez pas voulu que l'explication eût lieu chez vous, monsieur le marquis, et voilà pourquoi il était nécessaire qu'elle eût lieu chez moi.

LE MARQUIS, passant à gauche.

Je n'ai aucune explication à vous fournir, ni ici, ni ailleurs!

CARDOT.

Il le faut pourtant... ou sinon... (Très doucement). Charitablement, je vous avertis que la plainte au parquet...

LE MARQUIS, bas.

Le misérable! Je suis dans ses mains. (Haut.) Agissez comme il vous plaira, monsieur; précipitez-moi dans l'abîme, c'est votre droit... mais soyez persuadé que votre créance s'y engloutira avec moi!

SCÈNE IX

LES MÊMES, LA BARONNE DE BALBANS.

LA BARONNE.

M'est avis que vous avez tort de jeter ainsi le manche après la cognée, mon cher marquis.

LE MARQUIS.

Vous étiez là, madame?

LA BARONNE.

Heureusement pour vous.

LE MARQUIS.

Vous avez entendu ?...

LA BARONNE.

Tout... et bénissez le hasard qui m'a amenée chez ce brave Cardot; nos intérêts sont les mêmes. Ma nièce est une enfant à qui l'énorme fortune qu'elle possède, grâce à moi, ne sert à rien; cette fortune, rendez-vous en maître par un bon contrat de mariage, et cédez-m'en une petite part. Réduite à mes pauvres cinquante mille livres de rentes, je suis menacée de mourir de faim!

CARDOT, bas à la baronne.

Très bien, poussez... poussez ferme; vous aurez vos cinq billets de mille.

Il retourne à son bureau, s'assied et prépare un papier.

LE MARQUIS.

J'aime madame de Morignac sincèrement, profondément, c'est vrai... mais elle, m'aime-t-elle ?

LA BARONNE.

Vous ne lui déplaisez-pas, c'est déjà beaucoup; le reste viendra après. Je m'en rapporte à vous... Voyons, marquis, songez que vous êtes ruiné et que je ne sais où donner de la tête. Cardot est votre créancier; moi j'ai besoin de ses services. Nous sommes l'un et l'autre dans une situation désastreuse... nous pouvons en sortir, mais nous n'avons qu'un seul moyen... ne le négligeons pas...

LE MARQUIS.

Vous plaideriez donc ma cause?

LA BARONNE.

Certes! Je la plaiderai, et avec le ferme espoir de la gagner.

CARDOT.

Monsieur le marquis, votre signature, s'il vous plaît...
C'est un petit engagement... je l'avais rédigé d'avance...
de me verser cent mille francs le jour où vous épouserez
madame de Morignac. Je vous restituerai votre... faux
après la bénédiction nuptiale. (Le marquis signe.) Et vous
aussi, madame la baronne.

LA BARONNE, après avoir signé.

Eh bien! Et mon argent?

CARDOT.

C'est juste... j'oubliais.
   Il va à sa caisse prend des billets de banque et les remet à la
   baronne.

LA BARONNE.

Dites donc, Cardot... Il n'y en a que quatre...

CARDOT.

Les temps sont durs...

LA BARONNE.

Vieux filou... Ah! bah! avec ça, je peux faire sauter
la banque (Bas.) le trente-six... en plein!... (Haut.) Marquis, conduisez-moi chez Alice. Aujourd'hui même, je me
mets en campagne. Dans un mois, je serai votre tante.
Vous, Cardot, vous êtes un ange...

CARDOT.

L'ange des décavés !...

LA BARONNE.

Un ange!... Venez, mon neveu.
      Le marquis et la baronne sortent au fond.

SCÈNE X

CARDOT, seul.

Allons ! Je n'ai pas perdu ma journée... cette partie-là du moins, je me flatte de la gagner. (Tirant sa montre.) Midi !... Vite à la justice de paix... des canailles qui me doivent soixante-cinq francs... Il est temps que ça paye... s'il y a des juges à Berlin, Dieu merci ! nous avons des huissiers à Paris !

Il sort au fond.

Rideau.

2

DEUXIÈME TABLEAU

Le suicide.

Sur le quai, aux environs du marché aux fleurs. — A droite, un café, devant lequel sont installées des tables et des chaises. Au fond, le parapet et l'escalier descendant à la Seine. Dans l'éloignement, la silhouette de Notre-Dame; à gauche, un cabinet de lecture avec boîte aux lettres à la porte.

SCÈNE PREMIÈRE

FANFERDOULE, CÉSAR, Consommateurs, Passants, etc.

Fanferdoule étudiant en médecine, costume excentrique, est assis devant le café, les jambes allongées sur une chaise; il fume sa pipe en face d'un verre vide.

FANFERDOULE, frappant sur la table.

César... garçon... tavernier du diable... viendras-tu quand je te fais l'honneur de réclamer ta présence ?

CÉSAR, sortant du café, à droite.

Voilà, voilà, monsieur Fanferdoule... Monsieur désire ?...

FANFERDOULE.

Une absinthe, une !

CÉSAR, le servant.

Sans reproche, c'est la sixième de la journée et trois heures viennent de sonner à l'horloge de Notre-Dame.

FANFERDOULE.

Eh bien ! Quoi ? après ?

CÉSAR.

Il y en a qui disent comme ça que l'absinthe c'est le phyloxera de la race humaine.

FANFERDOULE.

Des blagues, monsieur César... de pures blagues !

CÉSAR.

Au fait, si vous êtes malade, vous pourrez vous guérir tout seul. Depuis le temps que vous fréquentez l'école de médecine, faut espérer que vous finirez par avoir votre diplôme de docteur, un jour ou l'autre.

FANFERDOULE.

Je l'aurai quand il me plaira, mon diplôme... mais ce n'est pas une raison pour que je l'utilise. La médecine, je n'y crois pas. Des blagues, la médecine, de pures blagues ! La chirurgie, à la bonne heure ! Voilà une chose vraie, indéniable, tangible, la chirurgie !

CÉSAR.

Pour lors, vous serez chirurgien, monsieur Fanferdoule ?

FANFERDOULE.

Pas davantage... J'ai tout ce qu'il faut pour ressusciter Ambroise Paré et Dupuytren, c'est vrai... Mais à la vue du sang, c'est plus fort que moi, mon cœur se retourne comme un gant .. une sensitive, quoi !... La sensitive de la Cannebière... car je suis né rue Saint-Féréol, à Marseille, Bouches-du-Rhône. Le savais-tu, mon pitchoun ?

CÉSAR.

Rapport à votre *assent*, je pensais bien que vous n'étiez pas de Paris ; je vous croyais des environs de Melun.

FANFERDOULE.

Ah ! tu me blagues !... Tu me blagues !... Le jour où

j'ai risqué ma première saignée... Il est vrai que j'opérais sur René Derville...

CÉSAR.

Ce jeune peintre qui est en Italie, depuis un an. Je le connais bien... Il est venu quelquefois ici, votre ami.

FANFERDOULE.

Mieux que mon ami, mon frère... Eh bien ! aussitôt que j'ai vu couler son sang, je me suis trouvé mal comme une femmelette... Zut pour la chirurgie !

Il se lève.

CÉSAR.

Pour lors, ni médecin, ni chirurgien !... Qu'est-ce que vous comptez faire, monsieur Fanferdoule ?

FANFERDOULE.

Boire, manger, fumer, aimer et dormir !

CÉSAR.

Mazette ! une jolie profession ! je l'embrasserais bien aussi, moi... j'ai tout ce qu'il faut pour ça !

FANFERDOULE.

Et lorsque je serai fatigué de l'exercer à Paris, j'irai à Nice, la continuer chez l'oncle Marius, à l'hôtel des *Pommes d'Or.*

CÉSAR.

A Nice ! Oh ! quand vous serez pour partir, emmenez-moi, monsieur Fanferdoule... Je voudrais tant connaître le pays où fleurit l'oranger !

FANFERDOULE.

Mignon en veste et en tablier blanc, un comble ! Nous n'en sommes pas encore là, jeune homme poétique !

SCÈNE II

LES MÊMES, FRÉDÉRIKA, entre à droite ; elle tient une grosse touffe de roses à la main.

FANFERDOULE.

Est-ce que je rêve ?... Frédérika !...

FRÉDÉRIKA.

Tiens ! Fanferdoule ! Ça va bien, depuis plus de six mois qu'on ne s'est rencontré ?

FANFERDOULE.

Mais tu vois... je me défends... je lutte... Et c'est sur le quai aux fleurs, que tu viens cueillir des roses, toi, une habitante de la place Pigalle ?

FRÉDÉRIKA.

Je n'y demeure plus, mon cher. (Montrant la maison où sont le cabinet de lecture et la boîte aux lettres.) Depuis avant-hier, voici mon Louvre.

FANFERDOULE.

Qui paye le loyer ? La France ?

FRÉDÉRIKA.

La perfide Albion.

FANFERDOULE.

Oh ! perfide !... Jamais autant que toi !

FRÉDÉRIKA.

Je pourrais te dire que j'ai déménagé pour me rap-procher de toi, ô mon Fanferdoule !

FANFERDOULE.

Je t'en dispense, ô ma Frédérika ! je n'en croirais pas un mot.

2.

FRÉDÉRIKA.

Et tu ferais sagement. Cependant je t'ai bien aimé, va !

FANFERDOULE.

Oui... Pendant un mois... C'est ta grande mesure... Et encore tu ne m'as accordé que le mois de février...

FRÉDÉRIKA.

Eh bien! quoi? tu as fait tes vingt-huit jours.

FANFERDOULE.

J'aurais bien repris du service...

FRÉDÉRIKA.

Ah! mais non... Si ça devait durer toute la vie, autant vaudrait se marier tout de suite. Et moi, d'abord, je suis contre le mariage.

FANFERDOULE.

Et [moi donc! Cette institution vermoulue a fait son temps. C'est égal, j'ai bien souffert.

FRÉDÉRIKA.

Tu m'en veux?

FANFERDOULE.

Plus à présent, mais, coquin de sort, j'ai eu le cœur déchiré pendant au moins... douze heures. Qu'est-ce qu'on peut bien t'offrir? Aimes-tu encore le madère? lui es-tu restée fidèle?

FRÉDÉRIKA.

Toujours.

FANFERDOULE.

Eh bien, il a plus de chance que moi, le madère! César, un madère, une absinthe... et fais-les mettre sur ma note.

CÉSAR, d'un ton de reproche.

La septième de la journée!

FRÉDÉRIKA.

S'il est permis de s'absinther autant que ça!

CÉSAR, à part.

Qu'elle est belle, cette femme! (Servant Frédérika.) Avec ou sans bain de pied, le madère de madame?

FRÉDÉRIKA, assise à droite de la table.

Avec bain de pied, mon garçon, et jusqu'à la cheville... (César rentre dans le café, sortie des autres consommateurs.) Ah ça! mais parle-moi donc de René Derville. As-tu de ses nouvelles?

FANFERDOULE, assis de l'autre côté de la table.

Toutes fraîches, par sa mère, que je vais visiter chaque mois.

FRÉDÉRIKA.

Est-il encore en Italie?

FANFERDOULE.

Oui, mais pas pour longtemps.

FRÉDÉRIKA.

Est-ce qu'il reviendra bientôt?

FANFERDOULE.

Madame Derville l'attend prochainement.

FRÉDÉRIKA.

Oh! tant mieux! Je suis joliment contente qu'il nous soit rendu, ton ami Derville.

FANFERDOULE.

Quelle chaleur! Avoue que tu le trouves charmant, ce garçon.

FRÉDÉRIKA.

Eh bien, oui, je le trouve charmant, ce garçon... Pourquoi en ferais-je mystère? Ce qui m'étonne, c'est qu'il ne s'en soit pas aperçu.

FANFERDOULE.

C'est moi qui t'ai présenté René, et il n'est pas homme à trahir la confiance d'un camarade.

FRÉDÉRIKA.

Et à présent? Est-ce qu'il pourrait la trahir?

FANFERDOULE.

A présent, c'est différent.

FRÉDÉRIKA.

Vrai? On aurait la permission?... c'est bien de la bonté de ta part.

FANFERDOULE.

Allons, encore un qui fera ses vingt-huit jours!

FRÉDÉRIKA, se levant.

Dame! Si le cœur lui en dit...

FANFERDOULE, se levant.

Tu es, tout bonnement, la plus adorable coquinette des vingt arrondissements!

Il lui passe le bras autour de la taille.

SCÈNE III

FANFERDOULE, FRÉDÉRIKA, RENÉ, élégant costume de voyage.

RENÉ, entrant par la gauche.

Parbleu! j'aurais parié cent contre un que je te retrouverais ici.

FANFERDOULE.

René! René Derville! Ah! que je suis heureux!

Il lui saute au cou et l'embrasse.

FRÉDÉRIKA, tirant Fanferdoule par la manche.

Quand tu auras fini! Après toi, s'il en reste.

RENÉ.

Mademoiselle Frédérika... (Il l'embrasse.) Toujours unis, mes enfants?

FRÉDÉRIKA.

Non... le divorce a été prononcé...

FANFERDOULE.

Enfin, te voilà! Depuis quand à Paris?

RENÉ.

Depuis une heure à peine! J'ai laissé ma malle au chemin de fer ; j'ai couru chez toi, naturellement tu n'y étais pas et je suis venu droit à ce café. C'est ici que tu continues à prendre tes inscriptions?

FRÉDÉRIKA.

René, voulez-vous me faire un grand... mais là un grand plaisir?

RENÉ.

A vos ordres, mademoiselle.

FRÉDÉRIKA.

Est-il cérémonieux! Dites donc Frédérika... Je dis bien René tout court! C'est aujourd'hui que je pends la crémaillère. Venez dîner chez moi avec lui. Est-ce accepté?

RENÉ.

De grand cœur, Frédérika.

FRÉDÉRIKA.

A la bonne heure! Vous mangerez dans un fouillis de meubles et de cartons. On sera peut-être forcé de laver soi-même les assiettes... mais il y aura des fleurs partout, de grands vins à seize sous le litre, et de la gaîté à bouche que veux-tu!

RENÉ.

Vous consentez à me recevoir dans ce costume?

FRÉDÉRIKA.

Comment donc! Vous avez l'air d'un prince en voyage! Je vais mettre vos deux couverts... A bientôt, n'est-ce pas?

FANFERDOULE.

Dans un instant... nous te suivons.

Frédérika sort à gauche.

SCÉNE IV

RENÉ, FANFERDOULE.

FANFERDOULE.

Eh bien, écoute: j'aurais gagné le gros lot de la loterie des arts décoratifs, dont je ne possède d'ailleurs aucun billet, je ne me sentirais pas plus joyeux. J'ai tant d'amitié pour toi, mon cher René.

RENÉ.

Amitié dont tu m'as donné le droit de douter. Si tu te ruines, ce ne sera pas en timbres-poste. Combien ai-je eu de lettres de toi en une année?... Quatre, en tout, et d'un laconisme télégraphique!

FANFERDOULE.

L'effroi que me causent l'encre, les plumes et le papier blanc t'est connu; il grandit à vue d'œil.

RENÉ.

Mais, fidèle à ta promesse, tu as fait douze visites à ma mère et tu es amnistié.

FANFERDOULE.

Voyons, un vermouth, hein? César, un vermouth et une absinthe et mets ça sur ma note. (Ils s'asseyent à droite.) Madame Derville est-elle informée du jour de ton arrivée?

César les a servis et rentre dans le café.

RENÉ.

Non... c'est une joie que je lui ménage. Pauvre chère mère adorée, demain matin, j'irai la surprendre dans sa retraite; seras-tu du voyage?

FANFERDOULE.

Certes oui, j'en serai!

RENÉ.

Figure-toi qu'on s'accorde à dire que j'ai fait de grands progrès là-bas. Je reviens le cœur plein d'espoir.

FANFERDOULE.

Tu avais déjà du talent, lorsque tu es parti.

RENÉ.

C'est bien autre chose à présent ! Je suis sûr de vendre ma peinture et d'en tirer un bon prix. Je louerai un grand atelier pour moi, avec un appartement pour elle. Je le meublerai très gentiment... tout tendu en perse... tu verras. Ce sera un paradis, comparé à la triste bicoque où elle se morfond et où elle vivote avec sa pauvre rente de quinze cents francs. Du vivant de mon père, on était presque riche à la maison. Eh bien, on le redeviendra, grâce à moi, grâce à mon travail. Cette pensée que ma mère me devra tout, que je lui rendrai au centuple ce que je lui ai coûté, cette pensée me réconforte et m'enivre !

> Les deux jeunes gens s'accoudent sur le guéridon et causent à voix basse.

SCÈNE V

LES MÊMES, CARDOT, BALTHAZAR, puis CÉSAR.

CARDOT, entrant à gauche.

Il fait rudement chaud pour la saison, Balthazar.

BALTHAZAR.

Il me semble qu'il fait encore plus rudement soif, patron.

CARDOT.

Si nous prenions un bock, qu'en dis-tu ?

BALTHAZAR.

Garçon... deux bocks !

CÉSAR, à la cantonade.

Voilà ! voilà !

> Il sort et rentre dans le café.

CARDOT.

A quelle heure le train du Havre, Balthazar?

BALTHAZAR.

Oh! nous avons le temps... à dix heures trente.

CARDOT.

Ne va pas t'endormir dans les délices de Capoue... Tu sais que tu pars ce soir.

BALTHAZAR.

Pas de danger que je manque à la consigne.

FANFERDOULE, à René.

Ne faisons pas attendre Frédérika... son veau serait trop cuit... et quand son veau est trop cuit, elle a ses nerfs et quand elle a ses nerfs... (Les deux jeunes gens se lèvent, il aperçoit Cardot.) Ah! vous voilà, vieille sangsue, vieux caïman!

RENÉ.

A qui en as-tu?

FANFERDOULE.

A monsieur que je te présente... à l'agréable, au serviable, au secourable Jean-Baptiste Cardot, marchand d'argent de son état, prêteur sur gages et à la petite semaine. En attendant que tes pinceaux t'enrichissent, un matin où ta montre et ta chaîne seront au clou, où tu auras besoin de deux louis, et où je ne les aurais pas, ça m'arrive plus souvent qu'à mon tour... va trouver ce tigre à face humaine et fais-lui un billet de cent francs à trente jours. Sa caverne, place Saint-André des Arts, numéro 60, visible jusqu'à trois heures. A défaut de l'estime de ses contemporains, il jouit de celle de sa concierge qu'il est en train de couvrir d'or... en attendant qu'il la mette sur la paille!

CARDOT.

Toujours gai, monsieur Fanferdoule!... toujours gai!... Mais avec une platine comme la vôtre, on ne se fait pas médecin, pas même avocat... On s'établit marchand de crayons... La succession de Mangin est encore vacante.

PANFERDOULE.

Idée à creuser, et je la creuserai ! Surtout si c'est vous qui jouez de l'orgue derrière la voiture... Sérieusement parlant, Cardot, au cas où mon ami René Derville s'adresserait à vous, ne l'écorchez pas trop, si c'est possible !

CARDOT, sursautant.

Hein ? René Derville !

PANFERDOULE.

Oui, c'est son nom... un nom qu'il rendra illustre. Vous verrez son exposition, l'an prochain. Ce sera superbe ! On se disputera ses tableaux à coups de billets de banque. Il n'y en aura que pour les millionnaires, et il se fera construire un palais dans l'avenue de Villiers !

RENÉ, gaîment.

Veux-tu bien te taire, marchand de crayons !... Allons retrouver Frédérika.

Ils sortent à gauche.

SCÈNE VI

CARDOT, BALTHAZAR, puis CÉSAR.

CARDOT, s'asseyant à droite du guéridon.

René Derville ! à Paris !

BALTHAZAR.

Serait-ce un parent de cette dame qui est venue chez vous ce matin ?

CARDOT.

Parbleu ! c'est son fils.

CÉSAR.

Les bocks demandés.

Il s'éloigne.

3

BALTHAZAR, s'asseyant.

Alors l'héritier de Pierre Desvignes, c'est lui ?

CARDOT, assis.

Oh ! cet héritage, il ne le tient pas encore... c'est égal, sa présence est faite pour m'inquiéter. Il est utile que je me recueille et que je combine... Or, c'est la fourchette et le verre à la main que je me recueille le plus et que je combine le mieux. (Appelant César.) Est-ce qu'on dîne chez vous, jeune homme ?

CÉSAR.

Si on dîne ?... presque aussi bien qu'au bouillon Duval !

CARDOT, préoccupé.

Qu'est-ce qu'il est venu faire à Paris, ce René Derville. Viens, Balthazar, viens !

Ils entrent dans le café suivis par César.

SCÈNE VII

MADAME DERVILLE, seule, elle sort du cabinet de lecture, à gauche, une lettre à la main.

J'ai cru que je n'aurais pas la force de finir ma lettre... Pourtant je ne pouvais partir sans lui dire un dernier adieu. (Prenant sa tête dans ses deux mains.) Quelle horrible douleur, je sens là... et là aussi. (Elle comprime son cœur.) Ce matin, chez ce monstre, j'ai cru que j'allais mourir... Et je ne suis pas morte, hélas !... Oh ! mon Dieu ! Pourquoi ne pas m'avoir foudroyée ? Vous m'eussiez sauvée du suicide !... Que lui ai-je dit ? Le sais-je seulement ! (Lisant.) « J'ai confié à un misérable la petite fortune qui t'appar- » tenait. Je t'ai ruiné ! Je ne pourrais être désormais » qu'une charge pour toi. Cela ne serait pas juste ; je ter- » mine par un crime abominable une existence odieuse. » René, je t'ordonne de vivre. Tu n'as pas le droit d'être

» faible et lâche autant que moi... Je ne te dis pas le nom
» de celui qui me tue; ne cherche pas à le connaître...
» Mon instinct de mère m'avertit que cet homme est un
» ennemi ; qu'il te serait fatal comme à moi. Adieu, René!
» adieu ! ma dernière pensée est avec toi et pour toi, cher
» fils adoré!... »

> Elle remet la lettre dans l'enveloppe, et la jette dans la boîte,
> s'approche du parapet, fait un signe de croix et descend l'es-
> calier qui mène à la Seine. Un instant après, elle pousse un
> cri déchirant.

SCÈNE VIII

CÉSAR, puis FANFERDOULE, FRÉDÉRIKA, RENÉ et CON-
SOMMATEURS, accourant aux clameurs que pousse César.

CÉSAR.

Qu'est-ce que c'est! Qu'est-ce qu'il y a! (Courant vers le
parapet.) C'est de ce côté qu'on a crié (Se penchant en avant.)
Mais je ne me trompe pas... Une femme se débat dans
l'eau. Elle va disparaître. Elle a disparu. (Criant.) Une
femme qui se noie! une femme qui se noie! A l'aide! Au
secours!

UN CONSOMMATEUR.

Où c'est-y qu'on se noie?

CÉSAR.

Voyez-vous cet endroit où l'eau bouillonne? C'est là,
sauvez-la, mais sauvez-la donc au lieu de me regarder
comme une brute!

LE CONSOMMATEUR.

C'est que je ne sais pas nager, moi, et vous?

CÉSAR.

Moi non plus! On ne peut pourtant pas laisser cette
pauvre femme sans secours... Il n'y a donc pas un seul
homme de cœur parmi nous?

FANFERDOULE, entrant à gauche.

Il y a moi qui nage comme un poisson.

Il enlève sa vareuse et la jette à terre.

FRÉDÉRIKA, qui est entrée en même temps que lui.

Mais tu sors de table... ta digestion...

FANFERDOULE.

Des blagues... la digestion... de pures blagues!..

Il se précipite vers l'escalier.

FRÉDÉRIKA.

Ah! le brave garçon!

CÉSAR, penché sur le parapet.

C'est ça, vous êtes dans le bon chemin, monsieur Fanferdoule. Nagez, nagez ferme... Vous y allez tout droit...

FRÉDÉRIKA.

Je ne vois plus rien. Il reparaît... (Tout le monde est haletant et silencieux.) Pas seul... il la soutient... Il la pousse devant lui... la pauvre créature ne bouge pas. Elle aura perdu connaissance. Courez lui donner un coup de main...

César descend l'escalier suivi de deux personnes.

SCÈNE IX

Les Mêmes, CARDOT, BALTHAZAR.

CARDOT, sortant du café avec Balthazar.

En voilà un tapage infernal!

LE CONSOMMATEUR.

C'est une dame qui s'est jetée à l'eau et qu'on vient de repêcher.

Fanferdoule, César et les autres rentrent en scène portant madame Derville qu'ils posent sur un canapé en osier.

FANFERDOULE, reconnaissant madame Derville.

Ah ! mon Dieu !

RENÉ, entrant.

Qu'y a-t-il donc ?

FANFERDOULE, le repoussant.

Eloigne-toi... Va-t'en !... Va-t'en !

RENÉ, luttant avec énergie.

Pourquoi me dire de m'éloigner ? pourquoi m'empê-cher d'approcher ? (Il repousse Fanferdoule, va vers madame Derville et la reconnaît.) Grand Dieu !.. ma mère ! c'est ma mère ! (Touchant son front.) Glacée ! (Portant la main sur sa poitrine.) Son cœur ne bat plus !.. Morte !.. ma mère est morte !

Il courbe la tête et pleure.

CARDOT, à Balthazar.

Eh ! quoi... madame Derville ! eh ! oui... c'est ! y a elle !

BATHAZAR, bas, à Cardot.

Vous voilà veuf... avant le mariage, patron !

CARDOT, bas.

Motus !

RENÉ.

Ma mère !. morte !... (Il ouvre les yeux, se redresse lentement, se lève et pousse un éclat de rire strident et sinistre.) Ah ! ah ! ah !

FANFERDOULE, à Frédérika.

Qu'a-t-il donc ?

RENÉ.

Madame! madame que vous êtes pâle.. Pourquoi es-vous si blanche ? La prochaine fois, quand vous vien rez à l'atelier, mettez un peu de rouge sur vos lèvres e ur vos joues. Comme vous êtes là, vous avez l'air d'une mo el (S'interrompant.) C'est étrange, comme vous ressemble à ma mère ! On dirait que c'est elle qui est là, devant i i!

mais non, ma mère m'attend... elle m'appelle! Me voici, chère adorée. Eh quoi! tu ne me reconnais pas... moi, ton fils... ton René!

Il rit.

FANFERDOULE.

Le malheureux! il est fou!

TOUS, à voix basse.

Il est fou!

SCENE X

LES MÊMES, UN AGENT DE POLICE, qui a assisté à la fin de la scène précédente.

L'AGENT, entré à gauche, à Fanferdoule.

Ce jeune homme a-t-il une famille?

FANFERDOULE, à l'agent.

Je ne lui connais aucun parent.

L'AGENT.

Où demeure-t-il?

FANFERDOULE.

Nulle part. Il est à Paris, depuis quelques heures; où allez-vous le conduire?

L'AGENT.

Au commissariat, d'abord.

FRÉDÉRIKA.

Et ensuite?

L'AGENT.

Au Dépôt... et de là à Sainte-Anne.

CARDOT, à Bathazar.

Il n'y restera pas longtemps. Tu iras le chercher et tu le soigneras à ta façon.

BATHAZAR.

Compris !

CARDOT.

Allons ! il y a une providence pour les braves gens [1].

Rideau.

———

1. Frédérika, Fanferdoule, l'agent, René, madame Derville, César, onsommateurs, Cardot, Balthazar.

TROISIÈME TABLEAU

Un drame à l'Opéra.

A l'Opéra. — Le théâtre est coupé en deux parties. — A gauche, la loge de madame de Morignac, elle occupe un tiers de la scène. A droite, le couloir des premières. Au fond, par de larges baies, on aperçoit le grand escalier de l'Opéra.

———

SCÈNE PREMIÈRE

MADAME MOUTON, vieille ouvreuse. MADEMOISELLE EUPHÉMIE, jeune ouvreuse.

MADAME MOUTON, l'œil collé au carreau de la loge de madame de Morignac.

Qu'ont-ils donc ce soir?... On dirait des empaillés. *La Favorite* vient de finir, et pas de rappel! pas plus pour Fernand que pour Léonor! Je n'ai jamais vu ça depuis que j'appartiens à la grande Opéra, mademoiselle Phémie... et ça n'est pas d'hier.

MADEMOISELLE EUPHÉMIE.

C'est qu'elle n'est pas d'hier non plus... *la Favorite*, madame Mouton ! Ils la savent par cœur... Mettez-vous à la place des payants.

MADAME MOUTON.

Ah ! si vous aviez entendu la Stoltz et Duprez! Des *artistes* de ce numéro, on n'en fait plus ! C'était le bon temps, mademoiselle Phémie... c'était le bon temps !

MADEMOISELLE EUPHÉMIE.

Laissez-moi donc tranquille !... Tous les temps se ressemblent !... le vôtre et le mien... c'est tout pareil !

MADAME MOUTON.

Et mes abonnés de la rue Le Peletier ! Toujours la main à la poche ou au chapeau !. De l'argent et des égards !... Toutes les délicatesses du cœur !

MADEMOISELLE EUPHÉMIE.

Plaignez-vous donc, vous qui avez dans votre service la loge de madame la vicomtesse de Morignac ! Chaque fois qu'elle vient, c'est un louis qui vous tombe du ciel !

MADAME MOUTON.

Et comme elle n'est pas encore venue, je peux faire mon deuil de ma petite rente ! Dix heures sont passées, et mon numéro 12 est vide.

MADEMOISELLE EUPHÉMIE.

Voulez-vous parier un soda que vous les aurez tout de même, vos vingt francs ? Pour sûr, la belle vicomtesse ne manquera pas le ballet de *Sylvia !* Mais voilà l'entr'acte... l'inspecteur va nous tomber sur le dos ; vite à nos postes !

Elles s'asseoient à droite.

SCÈNE II

UN ANGLAIS, FRÉDÉRIKA, entrant à droite.

L'ANGLAIS.

Vô voyez, Frédérika! je avais raison de dire à vô... dépêchez-vô !

FRÉDÉRIKA.

Avec ça que je ne me suis pas dépêchée! (A part.) Quel rasoir!

L'ANGLAIS.

Je avais payé pour voir tout le comédie... Et *le Favorite* est finiche.

FRÉDÉRIKA.

C'est ça qui m'est inférieur que *le Favorite* soit finiche! Le Ballet n'est pas commencé, et on n'arrive pas avant le Ballet quand on est de la gomme...

L'ANGLAIS.

Le gomme? Je comprenais pas...

FRÉDÉRIKA.

Avons-nous une bonne loge au moins, milord?

L'ANGLAIS.

Nò... pas de loge... amphithéâtre!

FRÉDÉRIKA.

Dites donc, je la trouve mauvaise! C'est là qu'on place les cocottes, mon cher!

L'ANGLAIS.

Les cocottes? Je comprenais pas...

FRÉDÉRIKA.

Ah ça!... vous ne comprenez donc rien du tout? Où avez-vous appris le français, milord?

L'ANGLAIS.

Dans le *fréquentéchionne* de madame de Sévigné.

FRÉDÉRIKA.

Eh bien! elle vous a joliment volé votre argent, la petite Sévigné! (Aux ouvreuses.) Les stalles d'amphithéâtre, s'il vous plaît?

MADAME MOUTON, se levant.

Par ici, madame...

Sortie à gauche.

SCÈNE III

CARDOT, LORIOT, Spectateurs, Ouvreuses.

CARDOT, entre suivi de Loriot qui reste dans le fond, contemplant l'escalier.

De l'Asile Sainte-Anne, où Balthazar est allé chercher René Derville, à la gare Saint-Lazare, où il doit le conduire, il y a un fier ruban de queue. C'est égal! ils arriveront pour le train de dix heures trente... et demain le jeune homme sera installé à Francheville! Etrange pressentiment!... Malgré les bons soins qui l'y attendent, je me figure qu'il n'y fera pas un long séjour!... (Se retournant vers Loriot.) Eh bien, Loriot, êtes-vous satisfait que je vous aie payé l'Opéra?...

LORIOT, toilette ridicule.

C'est-à-dire que je suis ébloui!... Mais, entre nous, est-ce uniquement pour me faire admirer l'escalier que vous m'avez amené? Il doit y avoir quelque anguille sous roche.

CARDOT.

Monsieur Loriot, vous devenez intelligent... trop intelligent peut-être!... car si je vous ai associé à mes petites opérations, je vous l'ai dit : je prétends avoir en vous un auxiliaire sourd, muet, et aveugle. Vous m'avez compris?

LORIOT, tremblant.

Oui, patron!

CARDOT.

Sur ce, éloignez-vous! Voici la personne que j'attends! J'ai à régler quelques affaires avec elle. Vous connaissez madame la baronne de Balbans? Restez en observation, et quand vous l'apercevrez avec sa nièce, madame de Morignac, accourez me prévenir!

LORIOT.

Bien, patron!

Fausse sortie.

CARDOT, le retenant.

Mais n'oubliez pas nos conventions : Muet, sourd et aveugle!

LORIOT, à part.

Quelle nouvelle coquinerie est-il en train de manigan-cer?

Il sort à droite, M. de l'Oseraie paraît au même moment entrant à gauche.

SCÈNE IV

MONSIEUR DE L'OSERAIE, CARDOT, puis LORIOT.

CARDOT, abordant le marquis, chapeau bas.

Je présente mes salutations respectueuses à M. le mar-quis de l'Oseraie.

LE MARQUIS, entré à gauche.

Vous ici, monsieur Cardot!

CARDOT, très mielleux.

M. le marquis paraît surpris de me rencontrer à l'Opéra?

LE MARQUIS, d'un ton hautain.

Un peu... c'est vrai!

CARDOT.

Pourquoi donc? J'adore la musique, et je suis passionné pour la danse! M. le marquis cesserait de s'étonner s'il daignait se rappeler ce que je lui ai dit, certain matin, où il me fit l'honneur de monter mes quatre étages.

LE MARQUIS.

Je ne me souviens pas... j'ai fort peu de mémoire...

CARDOT, souriant.

Heureusement, j'en ai pour deux... J'informai donc M. de l'Oseraie qu'il m'arrivait souvent de passer la soirée dans les mêmes théâtres que lui.

LE MARQUIS, avec impatience.

Cet espionnage est intolérable! il faut qu'il cesse, monsieur Cardot!

CARDOT.

Il m'est trop nécessaire pour que j'y renonce. De mon fauteuil, je note les sourires, je compte les paroles qui s'échangent entre M. le marquis et madame de Morignac. Or, les paroles se font de plus en plus brèves; les sourires de plus en plus rares... Six semaines se sont écoulées depuis notre entrevue, et il ne me paraît point que mon noble client ait gagné beaucoup de terrain.

LE MARQUIS, avec colère.

Vous ne savez ce que vous dites!

CARDOT.

Le démenti est brutal, mais il m'enchante. Il est temps, en effet, qu'une solution ait lieu dans le sens que nous souhaitons tous les deux... je devrais dire tous les trois, car votre future tante y est intéressée aussi bien que nous! (Changeant de ton.) Vous verrez ce soir madame de Morignac... Elle va venir, je le sais! Arrangez-vous de façon à terminer l'affaire.

LE MARQUIS.

Monsieur!...

CARDOT, le regardant en face et menaçant.

Ah! je suis à bout de patience... j'ai des armes dans les mains, et je m'en servirai; comptez-y!

LORIOT, paraissant, bas à Cardot.

Patron! patron! Voici ces dames!... Oh! qu'elle est jolie, la nièce de la baronne!...

CARDOT, très respectueux au marquis.

Venez, monsieur le marquis, il est de bonne politique
de laisser madame de Balbans, notre chère alliée, vous
préparer le terrain... Lorsque le moment sera venu de
vous présenter, j'aurai l'honneur de vous le dire!

LE MARQUIS, bas.

Et voilà où je suis descendu!... Moi!... Moi!... C'est à
mourir de honte!

CARDOT.

Venez-vous, monsieur le marquis?

Il sort à gauche avec le marquis et Loriot.

SCÈNE V

MADAME MOUTON, MADEMOISELLE EUPHÉMIE.

MADEMOISELLE EUPHÉMIE, à madame Mouton qui s'est endor-
mie sur sa chaise.

Madame Mouton?

MADAME MOUTON.

S'il vous plaît?

MADEMOISELLE EUPHÉMIE.

Une supposition que nous aurions parié, c'est vous qui
régaleriez!... Regardez plutôt!...

La vicomtesse paraît à droite, accompagnée de madame de Balbans — Alice, en toilette de gala, cachée dans une pelisse de
fourrures. — Elle se dirige vers sa loge avec la baronne,
madame Mouton se précipite et ouvre la porte.

SCÈNE VI

ALICE, MADAME DE BALBANS, dans la loge. LES OUVREUSES, dans le couloir.

La vicomtesse Alice se débarrasse de sa pelisse, la baronne est très empressée autour d'elle. — Alice se pose devant une glace, arrange sa coiffure, prend sa jumelle posée sur le rebord de la loge et lorgne dans la salle.

ALICE.

Toujours les mêmes diamants de pacotille, les mêmes figures peintes, les mêmes faces grimaçantes, les mêmes sourires bêtes! Et c'est sans y être condamnée que je subis, trois fois la semaine, ce spectacle lamentable!

LA BARONNE.

Voyons, ma chère Alice, daignerez-vous enfin m'entendre et me répondre? Je vous ai parlé tout le temps dans la voiture, vous n'avez pas desserré les lèvres.

ALICE.

Et vous voulez reprendre ici cette intéressante conversation? Vous avez une obstination à nulle autre pareille.

LA BARONNE.

Ce que j'ai dit, je le répète! Ce pauvre l'Oseraie vous adore, et vous feignez de ne pas vous en apercevoir. Prenez garde, ma chère, vous réduirez votre patito à quelque désespoir affreux, et quand vous essayerez d'éteindre l'incendie, la maison sera brûlée!

ALICE.

Oh! rassurez-vous, ma tante! Vos terreurs sont pures chimères!

LA BARONNE.

Croyez-vous donc le marquis incapable de se venger de vos dédains?

ALICE.

Je ne le crois pas, j'en suis sûre... Je le provoque, je l'irrite, je le malmène, sans réussir à troubler sa sérénité...

LA BARONNE.

On vous adore! De là, cette infinie miséricorde que la victime témoigne à son bourreau.

ALICE.

A cette adoration perpétuelle, je préférerais une haine vigoureuse.

LA BARONNE.

Causons sérieusement, si c'est possible! Voulez-vous?

ALICE.

Vous plaidez fort habilement, je le sais; mais aujourd'hui le plaidoyer serait peut-être inutile! Vous m'avez mariée une fois... cette épreuve suffit complètement à ma félicité.

LA BARONNE.

En vérité, ma chère petite, vous m'obligez à faire appel à vos souvenirs! Orpheline, sans un sou vaillant, qui a pris soin de votre enfance abandonnée?... qui vous a fait élever dans un couvent aristocratique? qui vous a trouvé un mari?...

ALICE, riant.

Sexagénaire!...

LA BARONNE.

Je vous conseille de me reprocher cette union. Le vicomte Elzéar Symphorien de Morignac ne vous a-t-il pas superbement enrichie? On ne dit plus aujourd'hui, et pour cause: « Heureuse comme une reine!... » On dit: « Heureuse comme la vicomtesse Alice!... » Si vous étiez équitable, vous devriez me bénir d'avoir conçu et mené à bonne fin une union si magnifique.

ALICE.

Magnifique pour vous, ma chère tante!

LA BARONNE.

Vous parlez, j'imagine, de la rente de cinquante mille francs que l'excellent Elzéar a constituée en ma faveur?...

ALICE.

Sans oublier les deux cents louis que mon notaire vous remet chaque mois. En somme, c'est un revenu d'une centaine de mille francs que vous vous êtes créé avec mon mariage.

LA BARONNE.

Je n'étais pas assez riche pour refuser.

ALICE.

Mais moi, j'étais assez jeune pour attendre une autre occasion. D'humeur jalouse et acariâtre, tourmenté par la goutte, trois fois plus âgé que sa fiancée, d'une laideur inoubliable, tel était M. de Morignac!

LA BARONNE.

Raison de plus pour accueillir M. de l'Oseraie. Il est bien, lui, fort bien, et encore loin de la quarantaine.

ALICE, se levant.

C'est possible!... Je n'ai pas vu son acte de naissance...

LA BARONNE, se levant.

Songez que la solitude est mauvaise à votre âge!... « Je m'ennuie!... » n'est-ce pas votre refrain de chaque jour?..

ALICE.

D'accord... Mais qui sait s'il ne vaut pas mieux m'ennuyer veuve, autrement dit, sans motif raisonnable, que de m'ennuyer mariée, c'est-à-dire avec une raison légitime de m'ennuyer!

LA BARONNE.

En ce cas, distinguez quelqu'un, si c'est votre bon plaisir; mais jetez vos mélancolies par-dessus les moulins...

ALICE.

Et mon bonnet aussi, par la même occasion?... Vous êtes admirable avec vos conseils!

LA BARONNE.

Alice, M. de l'Oseraie est à l'Opéra... pour vous... vous le savez... Soyez raisonnable..., et charitable! Si ce n'est pour lui, que ce soit pour moi !

ALICE.

Aurai-je la paix, ma chère tante?

LA BARONNE.

Oui, ma chère nièce.

ALICE.

Eh bien! faites à votre guise.

LA BARONNE.

Vous êtes adorable!

Elle lui serre la main avec effusion et sort de la loge. Alice se rassied et lorgne dans la salle.

SCÈNE VII

LES MÊMES, LE MARQUIS et CARDOT.

Depuis quelques instants, l'Oseraie et Cardot ont reparu.

CARDOT, bas, à la baronne.

Eh bien?

LA BARONNE, au marquis.

Dites que je ne suis pas une habile diplomate ! Le meilleur accueil vous attend! (A l'ouvreuse, montrant la loge d'Alice.) Ouvrez à M. le marquis! (L'ouvreuse obéit. — Le marquis entre dans la loge.) Cardot, avez-vous de l'argent?

CARDOT.

Non!

LA BARONNE.

Il m'en faut pourtant... Après l'Opéra, j'ai un baccara superbe!

Elle sort à gauche avec Cardot qui se défend contre ses supplications.

SCÈNE VIII

ALICE, LE MARQUIS, dans la loge, LES OUVREUSES,
dans le fond du couloir.

LE MARQUIS.

N'est-il permis d'entrer, madame?

ALICE, souriant, se levant.

Il est peut-être un peu tard pour demander la permission!

LE MARQUIS.

Cette permission, me l'eussiez-vous accordée?

ALICE, s'asseyant sur la chaise de gauche.

N'en doutez pas!

LE MARQUIS, s'asseyant.

Oh! merci!

ALICE.

Là... là... pas si vite! Je suis toujours charmée de recevoir chez moi un homme aussi courtois et aussi aimable que M. de l'Oseraie, à la condition, car il y a une condition, marquis! — que notre entretien se bornera à parler des faits du jour, des toilettes les plus remarquées aux courses... mais pas de soupirs, de grâce, et surtout pas de cavatine amoureuse!... Vous ne pouvez vous imaginer combien ces sortes de choses me sont devenues insupportables depuis mon veuvage!...

LE MARQUIS.

Parce que vous n'y voyez sans doute, que politesse banale, et que nul accent sincère n'est arrivé jusqu'à votre cœur!

ALICE.

Marquis, je vous devine! Vous allez enfreindre la consigne!

LE MARQUIS, se levant.

Tenez, chassez-moi, madame.

ALICE.

Et pourquoi?

LE MARQUIS.

Parce qu'il m'est impossible de demeurer près de vous sans vous dire que je vous aime.

ALICE.

Alors, c'est sérieux... vous m'aimez?...

LE MARQUIS.

Oui, je vous aime!... j'en prends le ciel à témoin!...

ALICE, riant.

Mais ce n'est pas le ciel que vous invoquez... c'est le lustre de l'Opéra!

LE MARQUIS.

Votre raillerie me désespère!

ALICE.

Alors... bien vrai... vous voulez m'épouser?

LE MARQUIS.

C'est mon vœu le plus cher, mon unique pensée...

ALICE.

Eh bien! tenez... je fais amende honorable... Suis-je pardonnée?

LE MARQUIS, il s'assied.

Pardonnée, dites-vous! Infligez-moi toutes les tortures, et je vous bénirai!

ALICE.

C'est qu'en vérité, je ne puis croire que l'on songe à devenir mon mari! Je suis une écervelée, à ce qu'on assure, et ceux qui le disent pourraient bien avoir raison. Capricieuse comme le caprice même, je me sens fort capable de rendre parfaitement malheureux l'homme qui me donnera son nom.

LE MARQUIS.

Et si l'amour sait vous conquérir?...

ALICE.

Allons, vous êtes un audacieux !

LE MARQUIS.

Me permettez-vous d'espérer ?

ALICE.

Je ne puis le permettre... mais je ne le défends pas!...

LE MARQUIS.

Ah! quelle joie vous me donnez!

On entend frapper les trois coups. — L'orchestre joue les piz-
zicati du ballet de *Sylvia*.

ALICE, se levant ainsi que le marquis.

Mon cher marquis, on va commencer. Votre présence
distrairait mon attention... vous m'empêcheriez d'entendre le ballet. Votre club a son avant-scène, vous y avez
votre place. On y est à merveille pour admirer les jambes
de la Sangalli... Je ne vous retiens plus.

LE MARQUIS.

Vous m'exilez, cruelle! N'importe, je pars heureux
puisque j'ai l'espérance !...

Il sort de la loge. Cardot qui a reparu vient vivement à lui.

SCÈNE IX

LES MÊMES, CARDOT.

LE MARQUIS, à Cardot.

Vous serez payé, monsieur !

Il sort à gauche.

CARDOT, à lui-même.

Je n'en demande pas plus ! (A madame Mouton.) La Sangalli paraîtra-t-elle bientôt, madame ?

MADAME MOUTON.

Pas avant un quart d'heure, monsieur.

CARDOT.

Merci ! (Il lui donne une pièce de monnaie.) J'ai le temps d'aller jusqu'à la gare. Je tiens à surveiller l'embarquement de René Derville.

Il sort à droite.

SCÈNE X

LES OUVREUSES, ALICE, RENÉ, puis L'INSPECTEUR DU THÉATRE.

MADAME MOUTON.

Avez-vous fait une bonne soirée, mademoiselle Phémie ?

MADEMOISELLE EUPHÉMIE.

Je ne suis pas mécontente... Et vous, madame Mouton?

MADAME MOUTON.

Couci !... couça !... entre les deux.

MADEMOISELLE EUPHÉMIE.

Que vous a-t-il donné pour votre renseignement sur la Sangalli, le monsieur qui s'en va?

MADAME MOUTON.

Une pièce de deux francs.

MADEMOISELLE EUPHÉMIE.

C'est bien payé ! A la rue Le Peletier, on n'eût pas mieux fait.

MADAME MOUTON.

Ça doit être quelque noble étranger ! (Après examen de la pièce.) Ah ! le gueux ! Ah ! le filou !

MADEMOISELLE EUPHÉMIE.

Quoi donc?

MADAME MOUTON.

Je suis volée !

MADEMOISELLE EUPHÉMIE.

Comment ça ?

MADAME MOUTON.

Ce n'est pas une pièce de deux francs que j'ai reçue...
.c'est un sou blanchi ! (Brouhaha dans la coulisse de droite.)
Mon Dieu ! quoi qu'il y a ?

MADEMOISELLE EUPHÉMIE, qui est remontée.

Tout le personnel est sens dessus dessous ! Les huissiers
courent de droite et de gauche...

ALICE, dans la loge, se levant.

Que se passe-t-il donc? (Elle ouvre la porte et s'adresse aux
ouvreuses.) D'où vient ce tumulte ?

MADAME MOUTON.

Quelque accident, sans doute! (Entrée de René poursuivi
par des employés et par l'inspecteur.) D'où sort-il, celui-là?

RENÉ, passant devant Alice, et se réfugiant dans la loge ;
vêtements fripés et en désordre.

Sauvez-moi, madame! par grâce... par pitié! sauvez-
moi!

ALICE.

Vous sauver, monsieur! mais qui êtes-vous?

RENÉ.

Ma vie est dans vos mains, madame! chassez-moi, et
je meurs!

L'INSPECTEUR, entrant dans la loge.

Madame, la personne que voici a passé, malgré nous,
au contrôle et s'est réfugiée dans votre loge! Comme nous
ne pensons pas que ce soit avec votre autorisation, je
viens...

RENÉ, suppliant.

Chassez-moi, madame... et je meurs !

Alice après un temps, fait un signe à l'inspecteur qui s'éloigne stupéfait, en refermant la porte.

MADAME MOUTON.

Eh bien! monsieur l'inspecteur, vous ne l'emmenez pas au violon ?

L'INSPECTEUR.

Il paraît qu'ils se connaissent !

Il sort à droite.

RENÉ, après un temps.

Oh! merci! merci... madame! Je suis un inconnu pour vous, et je vous dois la vie !

ALICE.

Pensez-vous que l'hospitalité que vous avez reçue ici ait détourné les dangers qui vous menacent?

RENÉ, se levant.

Je comprends, madame, et la preuve, c'est que je pars !

ALICE.

Cependant, si le péril durait encore...

RENÉ.

Je n'ai que trop abusé de votre bonté. Adieu, madame, et merci ! (Il fait un pas vers la porte, s'arrêtant.) Mais ne connaîtrai-je pas au moins votre nom ? Oh! dites-le moi, madame, et je le bénirai jusqu'à l'heure de ma mort !

Alice tend un petit carnet à René qui le presse sur ses lèvres et sort de sa loge.

RENÉ.

Aura-t-on perdu mes traces ? Que Dieu me protège!

Il sort à droite en courant.

MADAME MOUTON, le suivant des yeux.

Des gens fichus comme ça aux premières loges... d'autres qui passent des sous blanchis aux ouvreuses!... La grande Opéra est déshonorée.

SCÈNE XI

ALICE, dans sa loge. LES OUVREUSES, puis, DIVERS SPECTATEURS, et successivement MADAME DE BALBANS, LE MARQUIS et CARDOT.

ALICE, à elle-même.

Quel est ce jeune homme? A-t-il commis quelque crime dont je connaîtrai demain le récit effroyable? Non!... ce regard profond... cette voix douce et pénétrante, ce n'est pas là la voix, ce n'est pas le regard d'un bandit. (Murmures de la salle.) Mais quel remue-ménage dans la salle! Toutes les lorgnettes sont braquées sur moi.

MADAME DE BALBANS, venant de gauche se précipite dans la loge.

Je suffoque! C'est un scandale inouï... Tous les reporters prennent des notes... Saint-Laurent, sur son gril, n'a pas souffert le demi-quart de ce que j'endure!

ALICE.

Eh! qu'importe ce qu'ils pensent et ce qu'ils disent? On n'a pas tous les jours l'occasion de sauver la vie à un pauvre diable... C'est bien le moins, si elle se présente, qu'on ne la laisse pas échapper. Eh bien, oui, j'ai fait cela, et loin de m'en repentir, je m'en glorifie!

Elle prend sa jumelle et lorgne dans la salle. — Murmures. —
Entrée de l'Oseraie suivi de Cardot et de Loriot.

LE MARQUIS.

Quel peut être cet homme qui se trouvait tout à l'heure dans la loge de madame de Morignac?

4

CARDOT.

Nous le saurons bientôt. (A part.) Balthazar a laissé
échapper René Derville... je le trouverai, moi!

MADAME DE BALBANS.

Après une pareille algarade, Cardot ne me prêtera plus
un sou!

Rideau.

QUATRIÈME TABLEAU

L'hôtel des Pommes d'or.

A Nice. — Grand salon d'hôtel. Au milieu une table avec journaux. Porte à gauche, troisième plan. — Le fond ouvre sur une terrasse, laquelle donne sur la promenade des Anglais. — Sons de trompe, tapage et clameurs à la cantonade. Deux chaises à côté de la table, — Un canapé à droite, deuxième plan.

SCÈNE PREMIÈRE

FANFERDOULE, puis LAURETTE, puis MARIUS.

Au lever du rideau, Fanferdoule est assis à gauche de la table. — Cris à la cantonade.

FANFERDOULE.

Ils ne s'embêtent pas les Niçois pendant le carnaval! En font-ils du boucan! Jamais à Paris on n'a entendu pareil tintamarre, même du vivant du bœuf gras! J'ai beau me battre les flancs, impossible de partager la joie universelle. Si ce n'était l'hospitalité gratuite que je goûte chez l'oncle Marius, je ne resterais pas deux minutes de plus à Nice. D'autant qu'on ne voit ici que des figures grotesques. (Laurette paraît au fond, à droite.) Il n'y a que cette petite cameriste qui me réjouisse la vue. Sa maitresse aussi me la réjouit. Très chic, cette madame Aubérin, très chic!

LAURETTE, s'approchant.

Monsieur votre oncle n'est pas là, monsieur Fanferdoule?

FANFERDOULE.

Non... Je parlais de vous à l'instant, mademoiselle Laurette.

LAURETTE.

Avec qui?

FANFERDOULE, il se lève.

Avec moi-même. Et madame Aubérin se porte toujours bien?

LAURETTE.

Pas mal. Et vous?

FANFERDOULE.

Moi, vous voyez. Je lutte! (Après un temps.) Et qu'est-ce qu'elle est de son état, cette charmante madame Aubérin? Demoiselle, dame ou veuve?

LAURETTE.

Rien de tout ça. (A part.) Tu veux être renseigné, mais tu ne sauras rien. (Haut.) Si vous voyez votre oncle, dites-lui donc que madame demande sa note.

FANFERDOULE.

Songerait-elle à nous quitter?

LAURETTE

Non; mais nous avons l'habitude de payer chaque semaine.

FANFERDOULE.

Payer! chez l'oncle Marius! Allons donc, il n'a pas besoin de ça!

LAURETTE.

Eh bien! vous prenez drôlement les intérêts de la maison.

Elle sort en riant par le fond, à gauche.

FANFERDOULE, seul.

Mais je meurs de soif, moi! Ah ça, se décidera-t-on à me servir!... (L'oncle Marius paraît à droite.) Ah! la voilà justement, ma bonne ganache d'oncle. Monsieur l'hôtelier, quand il vous plaira. J'ai failli attendre.

MARIUS.

Me voici, mon cher neveu, me voici.

FANFERDOULE.

J'ai déjà demandé dix fois une orangeade et l'on n'a même pas répondu! Votre maison est atrocement tenue, mon oncle.

MARIUS.

Si c'est ton opinion, pourquoi es-tu venu t'installer à l'hôtel des *Pommes d'Or?*

FANFERDOULE.

Vous oubliez que c'est vous qui m'y avez convié... Et puis si j'y suis venu, c'est pour trois raisons... *Primo.* Mon plus cher camarade, René Derville, était à l'Asile Sainte-Anne. *Secundo.* Mon amante venait de me trahir... *Tertio.* Je n'avais plus un radis.

MARIUS.

C'est égal, tu me permettras de te dire qu'à ton âge, tu devrais songer...

FANFERDOULE.

Je supplie le frère de ma mère de ne jamais me sermonner! Je crois que je fais assez pénitence en grillant ici du matin au soir et du soir au matin! Vingt-cinq degrés à l'ombre, au mois de mars... C'est dégoûtant! J'ai la nostalgie de la neige! Mon oncle, faites-moi servir un sorbet! (On entend trois coups de cloche.) Allons, faites une risette tout de suite... Voilà des voyageurs qui vous arrivent... Et des bons ceux-là... car je connais le truc... Les trois coups de cloche sont réservés à ceux qu'on peut écorcher dur... Cristi! en gagnez-vous de cette bonne braise!

4.

MARIUS.

Mais puisque tu me manges tout !

FANFERDOULE.

Remerciez-moi ; c'est pour vous empêcher d'engraisser.

SCÈNE II

LES MÊMES, FRÉDÉRIKA, BOLESKOFF, entrant par la terrasse à gauche. Beaucoup de décorations.

BOLESKOFF, à Frédérika.

Rassurez-vous, ma chère : on nous casera. Donc déjà, nous serons casés. (A Marius.) Vous avez reçu un télégramme de moi, monsieur des pommes d'or ?

MARIUS.

A qui ai-je l'honneur de parler ?

FRÉDÉRIKA.

Au prince Boleskoff... Rien que ça !

MARIUS, à part.

Un prince russe... Deux cents francs par jour, c'est réglé.

FANFERDOULE, la reconnaissant.

Frédérika ! (Il s'élance vers Frédérika et lui baise la main.) Tu as donc quitté l'Angleterre pour la Russie ?

FRÉDÉRIKA, bas, à Fanferdoule.

Oui, les voyages forment la jeunesse. Pas de bêtises : Ne compromets pas ma position... C'est un Crésus.

FANFERDOULE.

Un gaillard, ton Russe, hein ?

FRÉDÉRIKA, haussant les épaules et faisant la moue.

Lui, un gaillard?... Allons donc !... un nihiliste.

FANFERDOULE.

Ah! pauvre pitchounette!

BOLESKOFF, descend.

Quel est donc ce monsieur qui se permet de vous baiser la main? Bien familier, ce monsieur, Frédérika... bien familier. Présentez-le moi... C'est votre devoir.

FRÉDÉRIKA.

Prince, je vous présente M. Fanferdoule, dont je crois vous avoir déjà parlé. C'est... c'est mon professeur de danse.

Fanferdoule salue et esquisse un pas.

BOLESKOFF.

Mes compliments, monsieur, votre élève vous fait honneur. Je l'ai distinguée dans le monde, au bal Bullier. Beaucoup de ballon. D'un coup de pied elle m'a décroché deux croix... beaucoup de ballon!

FRÉDÉRIKA, à Marius.

Nous venons pour le carnaval. On dit qu'il est très beau votre carnaval.

MARIUS, avec importance.

L'Europe nous l'envie, madame; moi-même j'y prendrai part.

FRÉDÉRIKA.

Est-ce vrai qu'il y a des palmiers en pleine terre, chez vous, monsieur?

MARIUS.

Ils foisonnent; je dirai plus : ils gênent la circulation.

FRÉDÉRIKA.

Tant mieux... Ça me changera; je n'en ai jamais vu qu'en zinc.

FANFERDOULE, à Boleskoff.

Venez, prince, je vais vous faire visiter l'établissement. Mais d'abord, un conseil. (Montrant Marius.) Méfiez-vous de ce gros-là!... Il vous poussera à la dépense et je ne veux pas ça!

BOLESKOFF.

Il prend mes intérêts... Ce professeur de danse a l'âme
d'un gentilhomme. (Détachant une de ses croix.) il en est digne. Voulez-vous accepter ?

FANFERDOULE, après quelques façons.

Eh! tout de même, ça me posera à mon cercle. Venez,
prince ; j'offre l'absinthe.

BOLESKOFF.

Allons! Frédérika... Il offre l'absinthe... Il a l'âme d'un
gentilhomme.

Ils sortent par le fond à droite.

SCÈNE III

MARIUS, puis CARDOT et LORIOT.

MARIUS.

Il est bien gentil mon neveu, mais, du train dont il y
va, il faudra bientôt que je paye mes clients!... (On entend
trois coups de cloche.) Ah! ah! voici encore du beau monde!...

CARDOT, paraît, suivi de Loriot qui tient des valises. Ils sont tous
deux couverts de farine. Ils entrent par la terrasse à gauche.

Les imbéciles!... les idiots!... Je vous demande un peu
en l'honneur de quel saint ils nous accablent ainsi de
tous ces projectiles.

LORIOT.

Ils nous auront pris pour des masques, patron.

MARIUS, s'avançant.

Monsieur, ne craignez rien, ça ne tache pas. (Il les es-
suie.) Ce sont des confetti... de simples confetti... Ces
messieurs désirent deux chambres. J'en ai justement de
fort belles... au premier étage.

CARDOT.

Non, une petite, au cinquième... Nous ne sommes p   des richards. En attendant, faites-moi servir...

MARIUS.

Une collation?... Un lunch?...

LORIOT, se frottant les mains.

Oh! oui une collation, c'est ça qui...

CARDOT.

Faites-moi servir l'*Indicateur des chemins de fer*.

MARIUS, à part.

C'est un pingre!... Un seul coup de cloche suffisait joliment. Je regrette de l'avoir essuyé.

Il sort par la porte à gauche.

SCÈNE IV

CARDOT, LORIOT.

LORIOT.

Décidément, patron, depuis que nous avons quitté Paris, vous n'êtes pas d'une humeur angélique.

CARDOT.

De quoi te plains-tu? Tu es défrayé de tout.

LORIOT.

Faudrait-il encore que je payasse pour être tarabusté par vous!...

CARDOT.

Tu fais deux repas par jour!

LORIOT.

Ils sont si maigres qu'ils en représentent tout juste la moitié d'un!

CARDOT.

A ton âge, il faut être sobre!... Ainsi moi, à dix-sept
ans, je ne buvais que de l'eau et une palette de petit salé
me faisait deux jours! (Avec impatience.) Et puis en voilà
assez... Je ne suis guère disposé à entendre tes jérémia-
des. D'autant plus, mon jeune ami, que je vous croyais
plus habile. Je vous avais confié... J'avais eu la naïveté
de vous confier une mission délicate... Celle de vous
mettre en quête, de vous informer, de chercher à savoir
ce qu'était devenu René Derville, ce malheureux jeune
homme, auquel je m'intéresse particulièrement, (A part.)
et que cette brute de Balthazar a laissé échapper.

LORIOT.

Je me suis informé, monsieur Cardot, j'ai fureté... Je
n'ai rien découvert.

CARDOT, sans lui répondre.

Où est-il, ce misérable? Ah! si je le tenais, je lui ferais
payer cher et son escapade et les soucis qu'il me donne.
Il n'y aurait pas assez de coups de trique!...

LORIOT.

Des coups de trique! C'est comme ça que vous vous
intéressez à lui, monsieur Cardot !

CARDOT.

Hein?... Quoi?... Qu'est-ce que j'ai dit?... (Après un temps.)
Heureusement, la police est pour moi... J'ai su prouver
que ce René Derville est un fou dangereux; j'ai les attes-
tations des médecins, et n'importe où je le trouverai
j'aurai pour moi le droit et la force. Tu m'es dévoué,
Loriot, je le sais.

LORIOT.

Oui, patron, car grâce à vous, je suis couché, blanchi...

CARDOT.

Et nourri!

LORIOT, hésitant.

Oh! nourri... pas beaucoup!

CARDOT.

Parbleu, tu as un appétit d'enfer. Tu mangerais un mouton.

LORIOT.

Oh!... Oui... avec des haricots autour.

CARDOT.

Eh bien, si les petites opérations que je projette réussissent, tu auras un gigot à toi tout seul...

LORIOT, en extase, laisse tomber les valises qu'il tient dans ses mains.

Un gigot! à moi tout seul! (Après un temps.) Et puis-je savoir, patron, de quelles opérations il s'agit?

CARDOT.

Parfaitement! Je ne fais rien qui ne soit avouable, monsieur Loriot. Je vais chaque année à Monte-Carlo!...

LORIOT.

Bonté divine! Vous allez jouer à la roulette?

CARDOT.

Jouer! moi! jamais! Je vois jouer les autres, les plus brillants, les plus audacieux, et quand ils sont décavés, je me mets à leur service. Les bijoux qu'ils me confient me restent... La loi est pour moi. Sers-moi bien, Loriot, et cette loi, je t'apprendrai à la côtoyer comme il convient, et à t'en faire vingt-cinq mille livres de rente.

LORIOT.

Mieux qu'avec les lapins, alors!

MARIUS, entre par la porte à gauche.

L'appartement de ces messieurs est prêt... Et l'*Indicateur des chemins de fer*, aussi...

CARDOT.

C'est bien, suis-moi, Loriot!

LORIOT, ramassant les valises.

L'*Indicateur des chemins de fer*... Voilà une nourriture!

Ils sortent par la porte à gauche.

SCÈNE V

MARIUS, puis ALICE.

MARIUS.

Ah! oui un coup de cloche aurait suffi. Si on n'avait
que des clients comme ceux-là, on pourrait facilement
mettre la clef sous la porte. Heureusement que le prince
russe... Mais voilà, mon neveu lui aura sans doute offert
quelque chose et quand mon neveu offre quelque chose,
c'est moi qui régale... Reste madame Aubérin, une perle
celle-là, qui ne regarde pas à la dépense, et à qui mon
diable de neveu n'a encore rien offert... La voici, de la
tenue!...

> La vicomtesse Alice a paru depuis quelques instants sur la ter-
> rasse.

SCÈNE VI

MARIUS, ALICE, LAURETTE.

ALICE, entrant avec Laurette.

Cette bataille de fleurs offre un spectacle charmant.

MARIUS.

La note que madame a demandée sera prête dans un
instant; mais ce n'est point pour nous quitter, j'espère?

ALICE.

Non, monsieur Marius, non.

MARIUS, à part.

Je respire! La seule locataire que mon neveu n'empêche pas encore de payer... (On entend un coup de cloche.) Oh!
pour celui-là, je n'ai pas besoin de me presser.

> Il sort à droite.

SCÈNE VII

ALICE, LAURETTE.

ALICE.

Laurette, depuis combien de temps sommes-nous à Nice?

LAURETTE.

Depuis un mois, madame.

ALICE.

Déjà!

LAURETTE.

C'est aujourd'hui le 15 mars.

ALICE.

Le 15 mars!... Eh mais!... il y a juste quatre ans que je suis veuve... Laurette, faites-moi donc penser, demain, à commander deux messes pour le repos d'Elzéar Symphorien de Morignac...je ne suis pas très sûre, l'an dernier, de lui avoir fait cette politesse.

LAURETTE.

Madame peut compter sur moi.

ALICE.

N'y manquez pas... Il a besoin, plus que personne, qu'on intercède en sa faveur.

LAURETTE.

Pour plus de sûreté, si je m'acquittais de la commission tout de suite?

ALICE.

Vous avez raison... Allez!

Laurette sort au fond, à droite.

5

SCÈNE VIII

ALICE, puis FANFERDOULE.

ALICE, seule.

Un mois... il y a un mois que je suis à Nice! Chaque
soir, je me propose de partir le lendemain, et toujours
je remets mon départ. Ah! c'est qu'il fait bon vivre dans
ces contrées bénies, où les violettes et les roses sortent de
terre, comme ailleurs les ronces et les orties; où tout est
splendeurs, enchantements, parfums et lumière... Et pas
de tante grondeuse à l'horizon! pas d'ennuyeux soupi-
rant dans le paysage! Glosez, médisez, calomniez tout à
votre aise, messieurs les parisiens... que m'importe?...
Madame Auberin ne lit aucune gazette, elle ne reçoit personne, elle ne cause avec personne... (Elle s'assied sur le
canapé.) Quel est ce malheureux à qui j'ai donné asile
à l'Opéra?... Par quels sinistres chemins en arrive-t-on à
l'état d'effroyable misère où il est descendu?... Voilà ce
qu'il m'est impossible de comprendre... mais il m'est
doux de penser que s'il n'est pas mort de faim, c'est à
moi qu'il le doit.

FANFERDOULE, entrant précipitamment par la terrasse à gauche.

Oh! madame, excusez-moi... Vous me connaissez à
peine, mais vous savez que je suis le neveu de mon oncle... de M. Marius.

ALICE.

Oui, monsieur, oui.

FANFERDOULE.

Eh bien! tout à l'heure, je faisais goûter à un prince de
mon intimité, un vieux cognac que mon oncle se réserve
pour lui seul, lorsque j'entends un coup de cloche. Je me
dis : « C'est un panné, allons saluer ce collègue! » Je
m'avance et que vois-je? un ami, mon meilleur ami, que
je croyais à jamais perdu. Il allait me dire par quel miracle, je le serrais dans mes bras, quand, tout à coup, il
poussa un grand cri... Il vous avait aperçue, madame.

ALICE.

Moi?

FANFERDOULE.

« Tu vois cette dame, me dit-il, supplie-la d'accorder à
» M. René Derville quelques minutes d'entretien, et tu
» feras de moi le plus heureux des hommes!... » Je ne
pouvais refuser. J'ai bondi jusqu'à vous et j'attends votre
décision.

ALICE, se levant.

René Derville, dites-vous, mais je ne connais pas ce
monsieur, et je ne comprends pas...

FANFERDOULE.

Té! Je ne comprends pas davantage; mais recevez-le
et nous comprendrons sans doute...

ALICE.

Cependant...

FANFERDOULE.

C'est dit, n'est-ce pas? (Courant à la terrasse à gauche.) Viens,
mon pitchoun!... l'audience est accordée. Coquin de sort!
J'aurais fait un fier ambassadeur!

René paraît, très ému, le chapeau à la main.

SCÈNE IX

FANFERDOULE, RENÉ, ALICE.

RENÉ.

Que vous êtes bonne, madame... et combien je vous
remercie d'avoir accueilli ma prière!

ALICE, bas.

Cette voix! (Brusquement, le regardant en face.) Vous! vous,
monsieur!

RENÉ.

Cela vous semble inouï de me retrouver à Nice?

ALICE.

En effet; je ne comprends pas... je ne puis comprendre... Qui êtes-vous, monsieur, et d'où sortiez-vous quand vous m'êtes apparu?...

RENÉ.

De Sainte-Anne...

ALICE.

De Sainte-Anne!...

RENÉ.

Oui, j'étais fou! Ah! ce fut un jour odieux, un jour dont le souvenir ne s'effacera jamais de ma mémoire! ma mère s'était tuée... Tuée sous mes yeux.

ALICE.

Votre mère!

RENÉ.

Ah! si je pouvais vous dire ce qui se passa en moi à la vue de ce cadavre que l'on venait de tirer du fleuve et devant qui je pleurais, vous verseriez peut-être les mêmes larmes que moi, madame.

FANFERDOULE.

Ah! le pauvre, j'étais là et je me rappelle aussi...

RENÉ.

Lorsque je revins à la vie, lorsque les ténèbres de mon esprit se dissipèrent, je fus épouvanté en apprenant où j'étais. A peine eus-je la force de parler; je demandai à sortir... On ne daigna pas me répondre. Les médecins m'avaient condamné.

FANFERDOULE.

Et il était guéri! Oh! les médecins, des ânes, de vrais ânes. Et je suis leur confrère!

ALICE.

Pourtant, vous avez réussi à vous évader!

RENÉ.

On ne s'évade pas de Sainte-Anne. Un soir, un homme que je ne connaissais pas, entra dans ma cellule... A quelques mots échangés avec mon gardien, je compris qu'il venait me chercher... Où allait-on me conduire? dans un hospice, quelque part... en province... mais aucun nom ne fut prononcé. L'homme me fit monter dans un fiacre et s'assit à mes côtés. — Si, pendant le trajet, je pouvais fuir ! pensai-je... et je simulai un profond sommeil. Nous traversions le boulevard. A l'angle de la rue de la Chaussée d'Antin, le cheval s'abattit et tandis que mon gardien se penchait à l'une des portières de la voiture...

FANFERDOULE.

Toi, pas bête, tu ouvris l'autre...

RENÉ.

Je courus... Je dévorais l'espace... Je me croyais sauvé...

FANFERDOULE.

Il te suivait, le scélérat?...

RENÉ.

De si près que je sentis, par deux fois, sa lourde main peser sur mon épaule. Je redoublai de vitesse... Je pris l'avance... Tout à coup, le portique de l'Opéra resplendit à mes yeux. C'était l'entr'acte. La foule encombrait le péristyle. Sans me préoccuper de mon misérable costume, en deux bonds je franchis les marches et, comme un tourbillon, je passai à travers les hommes du contrôle, renversant, bousculant tout sur mon passage : je me réfugiai dans une loge. Alors je me trouvai en présence d'une femme jeune, belle, radieuse... Sur ma prière, elle consentit à me garder quelques instants près d'elle !...

Alice s'est assise sur le canapé.

FANFERDOULE.

En plein Opéra? dans l'état pitoyable où tu étais?...
Ah! la crâne petite femme!...

ALICE.

Ensuite, monsieur, ensuite...

RENÉ.

Je partis... mais avant de m'éloigner, comme je la
suppliais de me dire son nom... elle laissa tomber un
carnet dans ma main.

FANFERDOULE.

Et ce carnet?

RENÉ.

Une fois dans la rue, après m'être assuré que l'on avait
perdu mes traces, je l'ouvris avec l'espoir d'y trouver une
carte de visite.

FANFERDOULE.

Elle n'y était pas?..

RENÉ.

Non... mais mon doigt frôla des billets de banque!

FANFERDOULE.

Des billets de banque!

RENÉ.

Il y en avait trois... de mille francs.

FANFERDOULE.

Trois billets de mille! Bon dious! Troun de l'air!

RENÉ.

Je n'eus qu'une pensée : restituer au plus vite cette au-
mône. Je retournai sur mes pas. Le théâtre était fermé.
Où finir ma nuit? Je songeai à toi... J'espérais te trouver
à ton hôtel...

FANFERDOULE.

Hélas! expulsé par un propriétaire sans entrailles, je
m'étais réfugié ici, chez l'oncle Marius.

RENÉ.

Cependant la faim me torturait...

FANFERDOULE.

Avec trois mille francs dans ta poche? Elle est bonne celle-là. (A Alice.) N'est-ce pas, madame? Et Brébant? Et Péters? Et Baratte?

RENÉ.

Cette somme ne m'appartenait pas: je n'avais pas le droit d'y toucher.

ALICE, lentement.

Alors, comment avez-vous vécu, monsieur?

RENÉ.

Le matin, échoué sur un banc, je fus ramassé et recueilli par un brave garçon, un camarade de Rome. Grâce à lui, et chez lui, j'ai pu travailler. Et [grâce à mes pinceaux...

ALICE.

Vous êtes peintre, monsieur Derville?

FANFERDOULE.

Je crois bien, et il en a du talent!... Il a fait mon portrait, une toile de toute beauté .. Il est vrai que avec un tel modèle! Alors les trois mille francs, ces fameux trois mille francs sont restés intacts?

RENÉ.

C'est pour les restituer que je suis venu à Nice, et que j'ai osé vous supplier de m'entendre!

Il sort de sa poche le carnet qu'Alice lui a donné au tableau précédent.

FANFERDOULE, simulant un grand étonnement.

Hein? Quoi?... la petite femme si crâne, c'était... (Changeant de ton.) Eh! bien je m'en doutais.

ALICE, à René.

Et qui vous a dit mon nom, monsieur?

RENÉ.

Un abonné du théâtre, où je retournai aussitôt que je fus en état de m'y présenter. En contemplant cette loge où j'avais eu la joie ineffable de vous voir, de vous parler, j'eus un éblouissement. Tout mon sang afflua au cœur. « La loge restera vide, me dit mon voisin aux fauteuils d'orchestre, à moins qu'elle ne soit occupée par ma- » dame de Balbans, la tante de madame de Morignac et » par M. de l'Oseraie... son fiancé. Quant à la vicomtesse » Alice, — c'est ainsi qu'il vous nomma, madame, — elle » ne s'y montrera pas. A la suite d'un scandale dont tout » Paris s'est occupé, elle a disparu et l'on ignore le lieu » de sa retraite... »

ALICE, elle se lève.

Ce scandale, c'est celui causé par votre présence. Eh bien, monsieur... cette hospitalité, que je vous ai don- née, est-ce que vous ne trouvez pas qu'elle me coûte as- sez cher?

RENÉ.

Pardonnez-moi, madame, pardonnez-moi. Mais, je vous en conjure, reprenez cet argent. Il me brûle les mains.

Il donne le carnet à Alice.

ALICE.

Soit. Monsieur, je ne puis aller contre votre volonté.

RENÉ.

Ah! madame, si vous saviez quel rayon de soleil vous avez jeté dans mon existence.... Depuis cette soirée, je me laisse, comme un fumeur d'opium, bercer dans un long rêve, tout rempli d'enchantements, de joies et de délices!

ALICE.

Monsieur, par grâce!... Je suis fière et heureuse d'avoir pu vous dérober à vos persécuteurs... Mais mon rôle de bonne fée est terminé et le conte est fini!...

RENÉ, après un temps.

J'ai compris, madame. Sur le point de vous allier avec

M. le marquis de l'Oseraie... Je dois disparaître de votre
vie.. Je n'ai que trop abusé de votre bonté... Eh! bien,
dussiez-vous penser que j'ai réellement perdu la raison,
je vous l'avouerai, madame, ce marquis de l'Oseraie,
je ne le connais pas; je ne l'ai jamais vu... Et pourtant
je sens que je le hais de toutes les forces de mon âme.

ALICE, avec hauteur.

Et de quel droit le haïssez-vous?

RENÉ.

De quel droit?... Ah! je ne sais pas, madame, je ne
sais pas!... Excusez mon audace. Vous me faites souvenir
que je ne dois voir en vous qu'une bienfaitrice; je ne l'oublierai pas! et dussé-je ne plus vous revoir, votre pensée
ne m'abandonnera jamais.

Il sort par la terrasse à droite. Loriot a paru par la porte latérale, à gauche.

SCÈNE X

LORIOT, FANFERDOULE, ALICE.

FANFERDOULE, à Alice.

Madame... (Se frappant le front), ce n'est plus ici qu'est le
siège du mal. (Se touchant le cœur.) C'est là.

ALICE.

Mon Dieu!...

LORIOT, à lui-même.

Je ne me trompe pas, c'est elle... La vicomtesse Alice!

FANFERDOULE.

Cela vous fâche, madame, qu'il n'aime point M. de l'O-
seraie?

LORIOT, à part.

Monsieur de l'Oseraie!

5.

FANFERDOULE, continuant.

Je ne le connais pas non plus, ce monsieur, mais je ne l'aime pas davantage.

LORIOT, s'approchant avec timidité et jetant, à droite et à gauche, un regard craintif.

Je vous demande un million de pardons, monsieur, madame et la compagnie...

FANFERDOULE, le dévisageant.

Ah ça! je le reconnais, ce jeune paroissien... c'est le petit Loriot!...

LORIOT.

Vous l'avez dit : Le petit Loriot... C'est mon nom... le nom de papa!

FANFERDOULE.

Le commis de cette affreuse canaille, qui s'appelle Cardot.

LORIOT, avec terreur.

Plus bas, monsieur Fanferdoule... plus bas, je vous en conjure. Si ce n'est pas pour vous, que ce soit pour moi. Si, par malheur, il vous entendait, je n'en mènerais pas large... il me couperait les vivres pendant huit jours!...

FANFERDOULE.

Qui t'amène?... Que veux-tu?...

LORIOT.

Vous allez tout savoir. (Il remonte vers la porte à gauche, et redescend au milieu.) Tant pis... je risque le jeûne... la pépie... la famine...

FANFERDOULE.

Mais parle donc! Tu ne vois donc pas que tu nous fais bouillir à petit feu!

LORIOT.

Je vous avais reconnu, monsieur Fanferdoule.. Vous êtes venu souvent à la maison. J'ai reconnu aussi madame la vicomtesse. Je l'ai vue à l'Opéra.

FANFERDOULE.

A l'Opéra! Bigre!

LORIOT.

Oui... le soir... le fameux soir où... Finalement j'étais
là, et il y a quelques instants quand vous avez prononcé
le nom du marquis de l'Oseraie...

FANFERDOULE.

Que peut te faire ce nom, plutôt qu'un autre?

LORIOT, après avoir regardé au fond si Cardot ne peut l'écouter.

Ce qu'il peut me faire? J'ai la confiance de M. Cardot
oh! pour ça, confiance pleine et entière! Eh bien! en ran-
geant, en étiquetant, numérotant les dossiers, j'ai trouvé
un acte en bonne et due forme, signé de M. le marquis
de l'Oseraie.

ALICE, vivement.

Et que stipulait cet acte?

LORIOT.

Ah! madame... C'est affreux! c'est horrible, et, parole
sacrée, je n'ai pas la force de vous l'avouer...

ALICE.

Je veux que vous disiez tout... je le veux!

LORIOT.

J'obéis, madame.(A part.) Elle me dirait de me jeter au feu
que...

FANFERDOULE.

Mais parle... parle donc... ou je t'étrangle!

LORIOT, même jeu de scène que ci-dessus.

En cet acte il est dit : lorsque M. l'Oseraie aura épousé
madame de Morignac et se sera approprié sa fortune, il
versera à M. Cardot la somme de : cent mille francs et
M. Cardot lui remettra en échange certaine traite très
compromettante, revêtue d'une fausse signature, grâce à
laquelle M. de l'Oseraie pourrait avoir maille à partir avec
la Cour d'assises!

ALICE.

Infamie !

LORIOT.

Et ce n'est pas tout. Madame de Balbans...

ALICE.

Ma tante !...

LORIOT.

Oui ! madame, votre tante... Elle aussi a signé, et votre
mariage avec M. de l'Oseraie lui assure une rente via-
gère de cinquante mille francs.

ALICE.

Allons !.. Allons !.. C'est impossible !.. Ah ! dités-moi...
que cela n'est pas !

LORIOT.

Je n'ai pas menti, madame... aussi vrai que je voudrais
être chef de rayon chez M. Potin !

LAURETTE, paraissant à droite.

Madame... Madame !...

ALICE.

Qu'est-ce donc ?

LAURETTE.

Votre refuge est découvert.

ALICE.

Comment ?

LAURETTE.

Madame de Balbans... je viens de la voir sur la promenade des Anglais ; M. de l'Oseraie l'accompagne !...

ALICE.

Eux ici ! Ah ! tant mieux (A Fanferdoule et Loriot.) Veuillez me laisser seule.

FANFERDOULE.

Madame! Commandez, ordonnez... Les *Pommes d'Or* font partie de vos domaines.

LAURETTE, au fond.

Alerte! alerte! voici madame la baronne.

FANFERDOULE, à Loriot.

Allons.. viens pichtoun ! j'offre l'absinthe !

Loriot et Fanferdoule sortent à gauche par la terrasse.

SCÈNE XI

ALICE, LAURETTE, puis MADAME DE BALBANS.

ALICE.

Qu'ai-je donc? et quel trouble étrange la vue de ce jeune homme a-t-elle produit en moi!... (Passé à gauche.) Ah! ma chère tante, ah! marquis de l'Oseraie, vous arrivez bien à propos !

LAURETTE, qui a regardé au fond.

Voici l'ennemi.

Elle sort à gauche.

LA BARONNE, entre à droite.

Ma nièce! C'est vous! C'est bien vous. Les renseignements que j'avais recueillis étaient bien exacts... Madame Aubérin et madame de Morignac font une seule et même personne.

ALICE.

Rien de plus vrai, ma tante.

LA BARONNE.

Vous n'êtes pas surprise de me voir?

ALICE, s'asseyant à gauche de la table.

Pourquoi surprise! Monte-Carlo est si voisin de Nice !

LA BARONNE, s'asseyant à droite de la table.

En effet, j'arrive de Monte-Carlo.

ALICE.

Où vous avez joué...

LA BARONNE.

Ah! si vous saviez quelle veine j'ai eue un moment!

ALICE.

Rien qu'un moment?

LA BARONNE.

Oui... Mais peu importe... Je tiens mon système et, quand je voudrai... (Elle se lève.) Ah! ah! ils riront jaune, les croupiers! Je leur râflerai tout... tout, vous entendez, Alice... tout jusqu'à leurs râteaux! Mais laissons ce sujet... (Elle s'assied.) Ne parlons plus de jeu... On finirait par croire que je suis joueuse.. Au Casino, je me suis rencontrée avec M. de l'Oseraie... Il languit, il s'étiole le pauvre cher...

ALICE.

Gagne-t-il?

LA BARONNE.

Lui? Il joue comme un fiacre! Ah! s'il avait suivi mon système! Figurez-vous qu'en s'obstinant et en martingalant sur la dernière douzaine et sur le trente-six, en plein on arrive à des résultats... Mais ce n'est pas de cela qu'il s'agit. Il est venu avec moi à Nice. Il m'a accompagnée jusqu'ici... Et si vous voulez voir le plus tendre et le plus malheureux des soupirants, jetez un regard de ce côté, vous reconnaîtrez M. de l'Oseraie.

Elle se lève. — Le marquis a paru à droite et s'incline profondément.

SCÈNE XII

LES MÊMES, LE MARQUIS DE L'OSERAIE.

ALICE. Elle se lève.

Avouez, ma tante, que vous n'avez aucun respect de l'incognito que l'on veut garder...Et quant à vous, monsieur le marquis...

LE MARQUIS.

Permettez-moi de m'expliquer, madame, et vous me pardonnerez, j'espère, si j'ose troubler votre retraite. Un soir, à l'Opéra, vous avez daigné vous montrer bienveillante, et certaines paroles que j'ai prononcées ont trouvé — ce souvenir est gravé au plus profond de mon cœur — un accueil bien fait pour me donner quelque espoir...

ALICE.

Continuez donc, je vous prie.

LE MARQUIS.

Peu de jours après, à la suite d'une aventure aussi étrange que mystérieuse et comme le nom de madame de Morignac se trouvait mêlé à toutes sortes de racontars pénibles, un ami dévoué mit l'épée à la main.

ALICE.

Vraiment ! Et cet ami dévoué?...

LE MARQUIS.

C'est moi, madame.

ALICE.

Vous! Et qui vous a autorisé?...

LE MARQUIS.

Ne m'appartenait-il pas de défendre celle qui sera ma femme?

ALICE.

Votre femme ! Allons donc ! Vous voulez dire « votre proie. »

LE MARQUIS.

Je ne comprends pas... Expliquez-vous, madame.

ALICE.

L'explication sera courte. Je vous la donne en trois mots : « Vous êtes ruiné. » Malheureusement pour vous, marquis, je ne peux rien... J'ai mes pauvres !

LE MARQUIS.

Vous êtes injuste et cruelle, madame ! Des lâches m'ont calomnié près de vous.

ALICE.

Et le traité passé avec je ne sais quel misérable, est-ce aussi une calomnie?

LA BARONNE, à part.

Ce gueux de Cardot a vendu la mèche !

ALICE.

Nierez-vous que cet honnête contrat soit revêtu de votre signature... et de celle de votre complice.

LA BARONNE.

C'est faux !

ALICE.

Croyez-moi, madame, ne parlez pas de faux devant monsieur ; la prudence vous le conseille.

LA BARONNE.

Vous êtes un monstre d'ingratitude. Cette fortune que vous nous accusez de convoiter, à qui la devez-vous? à moi, à moi seule!

ALICE.

Est-ce que je vous la demandais, moi? Et à quel prix me l'avez-vous donnée? Vous m'avez livrée à un vieillard... vous m'avez vendue... oui, vendue ! et, dans ce marché odieux, vous avez eu votre commission.

LA BARONNE.

J'étouffe! je suffoque, je me meurs!

Elle tombe sur le canapé.

ALICE.

« Messieurs, voici ma nièce. Elle est jolie, de bonne » lignée, mais elle vaut cher. Y a-t-il marchand à cinq » millions? Dix millions? Adjugée! » Ah! le rouge me monte au front! Le dégoût remplit mon cœur... Tout mon être se révolte... Vous avez voulu me vendre une deuxième fois. Eh bien! je me rachète... Combien demandez-vous?

LA BARONNE.

Cette malheureuse enfant me rendra folle.

ALICE.

Folle? Allons donc! vous l'avez toujours été!

LE MARQUIS.

Je venais à vous soumis et résigné, madame; vous m'avez insulté, outragé... Prenez garde, vous ne savez pas ce que vous avez mis de haine dans mon cœur.

LA BARONNE, se levant.

Oui; nous nous vengerons!

ALICE.

Des menaces! tant mieux! je les préfère à vos hypocrisies. La guerre, eh bien! soit! mais je saurai me défendre, je vous le jure!

Elle sort au fond à droite.

SCÈNE XIII

LE MARQUIS, LA BARONNE, puis CARDOT et LE MAITRE D'HOTEL.

LA BARONNE.

Et moi qui voulais lui emprunter de quoi tenter ma martingale sur la dernière douzaine!

LE MARQUIS.

Nous sommes perdus!

CARDOT, qui vient de paraître à gauche.

Perdus! Qui donc est perdu ici?

LA BARONNE.

Vous ici, Cardot?

LE MARQUIS.

Madame de Morignac sait tout.

CARDOT, avec un cri.

Et qui donc a pu lui révéler...?

LA BARONNE.

Ah! qui?... Vous êtes admirable! Qui? C'est à vous de le savoir.

Elle descend à droite.

LE MAITRE D'HOTEL, s'approchant de Cardot, un registre sous le bras.

Monsieur compte-t-il demeurer à l'hôtel?

CARDOT.

Non ; de passage seulement.

LE MAITRE D'HOTEL.

N'importe; les ordonnances de police nous obligent à exiger les noms des voyageurs.

Il tend la plume à Cardot et ouvre son registre qu'il pose sur la table.

CARDOT.

C'est bon, donnez! (Après avoir signé.) Quel est ce nom au bas de cette page? René Dorville!..

LE MAITRE D'HOTEL.

Oui, monsieur, un ami du neveu du patron arrivé il y a deux heures.

Il sort à droite emportant le registre.

CARDOT.

René Derville ici... Parbleu ! tout n'est pas perdu. Un instant éclipsée, l'étoile de Cardot va briller plus radieuse que jamais !

LA BARONNE.

Que voulez-vous dire ?

CARDOT.

Venez... venez !... Rien n'est encore désespéré, au contraire !

La baronne, le marquis et Cardot sortent par le fond.

Rideau.

CINQUIÈME TABLEAU

Le carnaval de Nice.

—————

La promenade des Anglais. — A gauche, la façade de l'hôtel des *Pommes d'Or*. A droite, d'autres maisons. Les balcons praticables sont encombrés de monde. Tous jettent des fleurs et des confetti. La foule riposte d'en bas. Masques, têtes grotesques, etc.

—————

SCÈNE PREMIÈRE

BOLESKOFF, FRÉDÉRIKA, puis FANFERDOULE, Masques.

Frédérika est en costume de Folle, Boleskoff en habit noir et criblé de décorations. Des masques les poursuivent avec des cris.

BOLESKOFF, entrant à gauche avec Frédérika.

Est-ce à moi qu'ils en ont? Je n'ai pas l'air drôle, cependant.

FRÉDÉRIKA.

Ils croient peut-être que vous êtes déguisé, Ladislas.

BOLESKOFF,

J'ai mis une faible partie de mes croix, voilà tout.

FRÉDÉRIKA.

Ça suffit. Et Fanferdoule qui me conseille de me cos-
tumer, qui me promet de m'accompagner et qui dispa-
raît... Où est-il?

FANFERDOULE, paraissant en capitaine Fracasse, escorté de
nombreux masques.

Oui, les amis, si je vous embauche, c'est pour la rigo-
lade, mais ne vous inquiétez pas : le champagne coulera
à flots; mon oncle en a d'excellent... qu'il se réserve
pour lui seul...

FRÉDÉRIKA.

Ah ! vous voilà, lâcheur !

FANFERDOULE.

Oui, me voilà. Vous serez de la petite fête que j'orga-
nise. Le prince aussi, s'il veut.

BOLESKOFF.

Avec plaisir.

FANFERDOULE.

Je guigne un certain usurier qui s'est fait une fortune...
avec les intérêts que j'aurais pu lui payer... Il faut lui
monter une scie dont il se souvienne... J'ai prévenu tous
ces gaillards-là. (Bas, à Frédérika.) Pousse à la roue, Frédérika. Quelqu'un que tu connais t'en remerciera un
jour.

FRÉDÉRIKA.

Quelle est cette énigme?

FANFERDOULE.

Je t'expliquerai plus tard... En attendant, tout à la
joie ! Et en avant la ronde du carnaval de Nice !

RONDE.

Air nouveau de M. Cressonnois.

I

Carnaval semblant ennuyeux
De Paris fut, par injustice,
Un jour chassé... Le pauvre vieux
Vint demander asile à Nice.
Dès qu'il parut, don Spavento
Prit son épée et sous la treille,
A lui-même, l'ami Pierrot
Courut offrir une bouteille.

C'est aux pays des pommes d'or
Que le carnaval vit encor.
Notre gaieté prend son essor
Au beau pays des pommes d'or.

II

Carnaval est fils de Momus.
Ce fut en un jour de folie
Qu'il naquit... et le dieu Bacchus
Voulut le barbouiller de lie.
On le raille, on le blâme en vain ;
Francs buveurs, nous l'aimons quand même,
Car ce fut dans des flots de vin
Que l'on célébra son baptême !

C'est au pays des pommes d'or
Etc.

III

Carnaval, tout comme un César
Nous écrase sous sa puissance,
Nous nous attelons à son char...
Que chacun le prône et l'encense !
Ce monarque a formé sa cour
D'Arlequines et d'Isabelles
Et gouvernera tout un jour
Un peuple de Polichinelles !

C'est au pays des pommes d'or,
Etc.

REPRISE EN CHŒUR.

Les chœurs remontent.

FANFERDOULE, apercevant Cardot qui sort de l'hôtel à gauche, avec Loriot.

Attention! voici mon homme.

Il met son masque.

SCÈNE II

LES MÊMES, CARDOT et LORIOT.

CARDOT, à Loriot.

Sauras-tu exécuter mes ordres, cette fois?

LORIOT.

Ne les ai-je pas toujours exécutés ponctuellement, patron?

CARDOT.

Amène une voiture que tu feras attendre à deux pas d'ici; moi, je cours au commissariat afin d'obtenir qu'on me rende René Derville qui, vu les constatations médicales, est un danger pour tous.

LORIOT, à part.

Vieux gredin, va!

CARDOT.

Allons, va, va!

FANFERDOULE, masqué, se plantant devant Cardot.

Ça va bien, atroce canaille?

LORIOT, à part.

Tiens, en voilà un qui connaît le patron!

Il sort à gauche.

CARDOT.

Monsieur, laissez-moi passer, je n'ai pas affaire à vous.

Il veut s'éloigner.

FANFERDOULE, le retenant.

En es-tu bien certain, viel Arabe que tu es? Dis-moi donc un peu comment tu oseras pénétrer dans un commissariat? Ne crains-tu pas, vieux tondeur de moutons, qu'on ne te mette la main au collet et qu'on ne te fasse rendre la laine que tu as volée?

TOUS.

Oui, oui, rendez la laine! rendez la laine!

BOLESKOFF, gravement.

Il faut rendre la laine, monsieur; la délicatesse l'ordonne.

Les masques se rapprochent et forment un cercle.

CARDOT.

Monsieur, pareille provocation en public... pareille injure à un honnête homme tel que moi...

FANFERDOULE, aux masques.

Enfants du carnaval, je vous présente le plus vilain Pierrot de la création... Si vous avez des montres, prenez garde; ses doigts crochus les tireraient de vos goussets, sans que vous puissiez les défendre.

CARDOT.

Encore une fois, voulez-vous me laisser passer?

FRÉDÉRIKA.

Te laisser passer, vieux monstre!... Que non pas! Tu manquerais à la fête!

FANFERDOULE.

Je crois bien! Il n'y en a pas un dans tout le carnaval aussi grotesque et aussi laid. (Aux masques.) Faites-lui cortège, camarades, et promenez-le en triomphe par toute la ville.

FRÉDÉRIKA.

Oui, oui... le triomphe... enlevez-le!

TOUS, remontant.

Enlevons-le! le triomphe!..
Ils s'élancent sur Cardot qu'ils enlèvent. Les masques le hissent
sur leurs épaules, malgré sa résistance.

CARDOT, hurlant.

Misérables! assassins! (Appelant.) Loriot! Loriot!
On l'emmène. Sortie à droite.

LORIOT, entrant à gauche.

Voilà, patron, voilà!

FANFERDOULE, lui barrant la route.

Ne bouge pas, toi, ou je te coupe en quatre!
Il ôte son masque.

LORIOT, le reconnaissant.

Tiens! Monsieur Fanferdoule!

FANFERDOULE, bas, et vivement.

Quels ordres as-tu reçus?

LORIOT, à voix basse.

Chercher une voiture et la faire stationner près d'ici.

FANFERDOULE.

Parfait. Eh bien, attends patiemment avec le cocher
es personnes qui s'en serviront.

LORIOT, avec terreur.

Jamais de la vie!

FANFERDOULE, solennel.

Je te demande cela au nom de la vicomtesse Alice.

LORIOT.

Au nom de la vicomtesse! (Avec entraînement.) Vous me
faites nager en pleine trahison, mais ça m'est égal. Tout
pour elle, tout! tout!

6

FANFERDOULE, le poussant.

Allons, va, mon pitchoun, et foi de Fanferdoule, tu ne t'en repentiras pas.

Loriot sort à droite.

SCÈNE III

LES MÊMES, moins LORIOT, puis ALICE, puis RENÉ.

FANFERDOULE.

Ah ! exécrable forban, je lis dans ton jeu. Tu veux qu'on enferme René... Pour quelle raison ? je ne sais. De quel droit ?... je l'ignore. Mais, coquin de sort, tu n'y réussiras pas.

ALICE, entrant. Elle vient de l'hôtel, porte à gauche.

J'ai reçu votre billet. Que se passe-t-il ?

FANFERDOULE.

René court les plus grands dangers. Une fois déjà vous avez été sa bonne fée. Protégez-le encore... sauvez-le...

ALICE, avec émotion.

Mais vous n'y songez pas, monsieur. Il ne m'appartient pas de m'instituer la gardienne de ce jeune homme.

FANFERDOULE.

Je n'ai qu'un mot à vous dire : Il y va de sa vie !...

ALICE, très agitée.

Mais que voulez-vous que je fasse ?...

FANFERDOULE.

Vous possédez des châteaux avec fossés et ponts-levis. Permettez à mon pauvre René de s'y réfugier. Ses ennemis ne l'y trouveront pas.

ALICE.

Vous voulez que je le recueille chez moi ?

FANFERDOULE.

Puisque vous n'y serez pas! Ordonnez-lui de partir. Il vous obéira. J'en suis sûr.

RENÉ, entrant à droite.

J'accours à ton appel. Qu'y a-t-il?

FANFERDOULE, montrant Alice.

Madame va t'expliquer...

RENÉ.

Madame de Morignac !

ALICE.

Monsieur Derville, nous ne pouvons ici échanger que quelques paroles. Il importe, vous entendez, il importe que vous quittiez Nice au plus tôt.

RENÉ.

Que dites-vous?

ALICE.

En Normandie, près du Havre, à Francheville, je possède un château qu'entoure un parc où se dresse une chapelle. J'ai toujours souhaité de voir les murs recouverts de peintures religieuses. Je vous confie ce travail.

RENÉ.

A moi?

ALICE.

Quand vous l'aurez terminé, nous compterons ensemble. Vous avez refusé d'être mon débiteur, vous ne refuserez pas, j'espère, d'être mon créancier. Acceptez-vous?

RENÉ.

J'accepte... et quand devrai-je m'éloigner?

FANFERDOULE.

Quand?... A l'instant même. Il y a un train dans dix minutes. Ah! ne résiste pas ! Tes geôliers sont ici et la maison de fous est prête à te recevoir.

RENÉ, avec un cri.

La maison de fous !

ALICE.

Partez vite ! Je donnerai les instructions nécessaires. Il ne faut pas que vous arriviez à Francheville comme un inconnu.

RENÉ.

Pour la seconde fois, madame, vous consentez à me sauver... Merci !

FANFERDOULE.

Vite ! vite ! la vapeur n'attend pas.

RENÉ.

Allons, adieu donc, madame.

ALICE, lui tendant la main.

Non, au revoir.

Alice rentre à l'hôtel. René et Fanferdoule sortent à droite. La foule et les masques reviennent de tous les côtés.

REPRISE DU REFRAIN DE LA RONDE.

Rideau.

SIXIÈME TABLEAU

Monsieur Judas.

En Normandie. Au château de Francheville. Intérieur d'une chapelle gothique. Par la porte au fond, on aperçoit le parc. Sur un chevalet une toile. Une fenêtre à gauche de la porte. Un fauteuil à droite, deuxième plan. A côté du chevalet, une table. Sur la table un grand portefeuille où sont des dessins.

SCÈNE PREMIÈRE

PIRARD, puis FANFERDOULE.

PIRARD.

Tout est en état, le chevalet, les pinceaux... M. René Derville sera content.

CRIS, dans la coulisse.

Vive la vicomtesse Alice !

PIRARD.

Ce sont nos paysans à qui notre chère maîtresse fait distribuer des secours ! Elle a été enchantée à son arrivée, madame de Morignac ! Les récoltes ont été magnifiques, la coupe du bois s'est faite supérieurement... Quant à moi, je lui ai expliqué mes idées sur le drainage et elle m'a paru ravie. On peut désormais dormir

6.

sur ses deux oreilles. Puisque notre chère châtelaine est rentrée dans ses terres, tout le monde sera heureux à Francheville.

CRIS, dans la coulisse.

Vive m'sieu le docteur! Vive m'sieu le docteur!

PIRARD.

Qu'est-ce qu'ils ont encore? (Il va regarder.) Ah! c'est notre médecin, notre fameux médecin! Encore un qui mérite bien qu'on l'acclame!

FANFERDOULE, entrant par la porte du fond.

Ah ça! on est en veine d'ovations aujourd'hui. Et pourquoi, s'il vous plaît, semblable enthousiasme à mon égard?

PIRARD.

Pourquoi? Vous demandez pourquoi?

FANFERDOULE.

Oui... Je suis assez curieux de ma nature !

PIRARD.

Vous êtes venu ici, en Normandie, retrouver votre ami M. René Derville qui m'était recommandé spécialement par madame la vicomtesse et qui, en ce moment, s'occupe d'orner cet oratoire. Il paraît que nous aurons une Vierge-Marie et un Judas de toute beauté.

FANFERDOULE.

Tout cela est exact, mon cher monsieur Pirard. Je suis, ainsi que mon ami René, l'hôte, le commensal de votre adorable maîtresse, mais cela ne m'explique pas pourquoi ces braves gens crient au miracle en m'apercevant! Je ne suis pas encore habitué à ce que l'on m'appelle docteur !

PIRARD.

Vous l'êtes pourtant et un fameux!

FANFERDOULE.

Pas de blagues, monsieur Pirard, pas de blagues!...

J'exècre les fumisteries, quand ce n'est pas moi qui les fais.

PIRARD.

On m'avait toujours dit que les grands hommes étaient modestes !

FANFERDOULE.

Aujourd'hui, mon ami, on nous fabrique des grands hommes si facilement... Il y a un moule!

PIRARD.

Vous, c'est différent! Songez donc : quand vous êtes arrivé, il n'y avait que des malades! La femme à Cathelin s'en allait d'anémie; le petit dernier à Jean Renaud avait la coqueluche, le gros Colinet une pleurésie... Vous allez leur rendre visite, vous faites des ordonnances, et crac!... tous guéris! c'est-à-dire qu'on serait malade rien que pour avoir le plaisir d'être soigné par vous!...

FANFERDOULE.

C'est vrai, pourtant! c'est à n'y rien comprendre!

PIRARD.

Et vous ne voulez pas qu'on vous bénisse, qu'on vous acclame? Allons donc! vous aurez beau faire, vous ne m'empêcherez pas de crier: Vive M. le docteur!... Ni vous non plus, n'est-ce pas, les enfants?

Il sort par le fond.

CRIS, dans la coulisse.

Vive M. le docteur! vive M. le docteur!

SCÈNE II

FANFERDOULE, seul, puis RENÉ.

Il a raison, ce bon Pirard! Moi, le cancre des cancres, j'ai fait des ordonnances, et je n'ai pas tué mes malades... Jamais on n'a vu pareil médecin!

RENÉ, *paraissant du fond.*

Eh bien! docteur...

FANFERDOULE.

Toi aussi!... Ils finiront par me faire croire que j'ai réellement étudié... quand j'étais étudiant!

RENÉ.

Te voilà en passe de devenir célèbre!

FANFERDOULE.

Va... va... Tu seras un grand peintre avant que je ne sois un grand médecin! En attendant, tu es heureux, et je m'en réjouis.

RENÉ.

Oui, je suis ivre de joie et de bonheur, depuis que madame de Morignac habite Francheville... Avant son arrivée et la tienne, que de sombres journées j'ai passées dans ce vieux manoir! Ce triste soleil de Normandie, ensanglantant la cime des arbres, me faisait froid; et la chanson des feuilles mortes qui tourbillonnaient au vent, me donnait envie de pleurer. Parfois le bon Pirard m'emmenait dans le parc, nous marchions côte à côte, le fusil sur l'épaule, lui, sifflotant un air de chasse et guettant le gibier à travers les taillis, moi, ne songeant qu'à elle, prononçant son nom tout bas et souhaitant de mourir plutôt que de ne pas la revoir!...

FANFERDOULE.

Tu l'as revue; tout est pour le mieux!

RENÉ.

Oui, mais...

FANFERDOULE.

Quoi?

RENÉ.

Elle est toujours réservée, hautaine, railleuse même, insoucieuse du martyre que son indifférence impose à mon cœur! Je l'aime, entends-tu bien, je l'aime, avec toute la passion d'un premier amour!... Ma vie, cette vie morne et cruelle, s'est éclairée à sa vue, et si mon rêve n'était pas réalisé, je sens que je mourrais!

FANFERDOULE.

Eh bien! essaie un peu!... Je te flanque une de mes ordonnances... je te guéris *illico*, entends-tu? Bon! voilà que, moi aussi, je crois à ma science...

RENÉ.

Tu as raison; je devrais la bénir d'être venue passer quelques jours à Francheville. Quand, dans cet oratoire où, succombant à la fièvre, déjà je délirais, je l'ai tout d'un coup aperçue... me souriant et me tendant la main, j'ai cru que j'étais le jouet d'une hallucination, et je tombai à genoux devant elle comme devant une madone!

FANFERDOULE.

Tout cela est fort bien, mais je veux que tu sois plus calme... j'ordonne le calme, sacrebleu! Il faut mener à bonne fin tes travaux... Ça avance, tes esquisses?

RENÉ.

Oui... oui... oh! l'amour du travail ne m'a pas abandonné! vois plutôt!

Il ouvre le grand portefeuille placé sur la table à gauche et lui montre des dessins.

FANFERDOULE.

Magnifique, tu entends! Et tu peux être certain que je ne te flatte pas... Je ne m'y connais pas pour deux sous.

RENÉ.

Quelque chose m'inquiète pourtant: ma Vierge et mon Judas!

FANFERDOULE, regardant la toile posée sur le chevalet.

Très bien, la vierge!... c'est madame de Morignac, hein? (Regardant un dessin.) Mais ton Judas, il me fait de la peine... Il n'a pas de tête, le pauvre!

RENÉ.

Je n'ai pu trouver quelqu'un dont le regard et l'allure m'aient contenté. Pirard devait me découvrir quelque paysan ou quelque pêcheur à la physionomie bien rusée et même un peu fourbe... il n'a pu s'acquitter de sa besogne.

FANFERDOULE.

Ah bah! Il n'y a donc plus un seul normand en Normandie?

RENÉ.

Il faut croire; et mon Judas reste inachevé!

SCÈNE III

LES MÊMES, PIRARD.

PIRARD, accourant du fond.

Monsieur! monsieur!

FANFERDOULE, remonte vivement.

Qu'y a-t-il? Un malade? Je suis là!

PIRARD.

Vous me voyez ravi... je l'ai déniché!

RENÉ.

Quoi donc?

PIRARD.

Votre bonhomme! Tout ce qu'il y a de plus vilain comme aspect; un bec de corbeau, un œil de chouette... avec ça un costume qui complète l'ensemble! C'est un pauvre homme qui, mourant de faim, est venu à la grille du château, demander un morceau de pain et un gîte pour la nuit... J'ai bien hésité à le recevoir à cause de sa mine, mais j'ai pensé au modèle que vous réclamez, et j'ai ouvert. Je vous l'amène... Le voici... Qu'est-ce que vous en dites?

SCÈNE IV

LES MÊMES. CARDOT, déguisé, teint hâve, déguenillé, il a paru au fond roulant entre ses doigts un chapeau crasseux, jetant autour de lui des regards inquiets.

RENÉ.

Pas mal, en effet!

FANFERDOULE.

Dis donc qu'il est superbe! On lui donnerait la potence sans confession!

PIRARD, à Cardot.

Approchez; n'ayez pas peur!

CARDOT, accent normand.

Je n'avons point peur, mon bon monsieur... Au château de Francheville, je le savons, on est secourable aux pauvres gens! (A part, regardant René.) C'est bien lui, Derville! ah! le gueux!... J'ai donc fini par le pincer au gîte!...

RENÉ.

Comment vous appelez-vous?

CARDOT.

Fardin!

RENÉ.

Quelle est votre profession?

CARDOT.

Si j'avions eu le choix, j'aurions pris celle du rentier; faute de pouvoir suivre cette carrière, je n'en avons suivi aucune!

RENÉ.

Et vous mendiez?

CARDOT.

On fait ce qu'on peut!

RENÉ.

Eh bien, vous pourrez gagner ici quelque argent! Je suis peintre!... Vous me servirez de modèle.

CARDOT.

De modèle?

RENÉ.

Mettez-vous de profil. (Cardot obéit.) C'est cela, c'est bien cela! On ne pourrait rêver mieux!

CARDOT.

Alors, mon bon monsieur, ma binette vous plaît?

RENÉ.

Beaucoup!

CARDOT.

Quel est le personnage que j'aurons l'honneur de représenter?

RENÉ.

Il me faut un Judas... vous allez me poser mon Judas!

CARDOT.

Tout de même, ça n'est point bien flatteur.

FANFERDOULE, qui s'était tenu à l'écart.

Vous auriez préféré poser en archange! Mais la profession d'archange, mon vieux, c'est comme celle de rentier; ne l'embrasse pas qui veut!

CARDOT, bas.

Qu'est-ce qu'il fait ici, celui-là? Pourvu qu'il n'aille pas me reconnaître!

RENÉ, prenant un carton, son crayon et s'installant à gauche.

Assez causé... placez-vous de trois quarts.

CARDOT, obéissant.

Allez, marchez... ne vous gênez point! Quand on a faim, on est docile!

RENÉ.

Très bien! vous y êtes... ne bougeons plus.

Il commence à dessiner.

SCÈNE V

LES MÊMES, ALICE.

ALICE, paraissant au fond.

Peut-on troubler votre séance, monsieur mon peintre ordinaire?

RENÉ, laissant tomber le crayon et l'esquisse qu'il a commencée.

Vous! vous! madame!

CARDOT, à part.

Quelle émotion!... Mais contenons-nous... ne bougeons pas!

RENÉ, montrant Cardot.

Voici notre Judas!...

ALICE, avec effroi.

Ah!

RENÉ.

Qu'avez-vous donc?

ALICE.

Rien!... l'aspect de ce malheureux... ce regard que je viens de voir briller... cela m'a fait un effet... (Bas, à René.) Êtes-vous bien sûr de cet homme?

RENÉ.

Que voulez-vous que j'aie à craindre de ce pauvre diable?

7

ALICE.

Je ne sais ; mais il me fait peur !

CARDOT, à lui-même.

Elle tremble pour lui ! Allons... c'est bien René Derville qui est l'obstacle... et je n'aime pas les obstacles, moi ! (Haut.) J'avons effrayé madame la vicomtesse... Je produisons un peu cet effet-là au premier abord. Les guenilles et la misère ça fait peur aux riches !... et pourtant, le vieux Fardin n'est point méchant ; il est malheureux ; voilà tout !

RENÉ, bas, à Alice.

Vous voyez bien...

FANFERDOULE.

Le fait est que l'on ne saurait redouter un si triste sire !

RENÉ.

Le soleil se couche... Demain, à la première heure, nous reprendrons notre séance. Monsieur Pirard, vous voudrez bien loger quelque part notre modèle... Et vous, n'oubliez pas : demain matin, ici, dans cet oratoire !

CARDOT.

A vos ordres, mon bon monsieur ! (A part.) Je suis dans la place... à M. de l'Oseraie de faire le reste...

PIRARD.

Venez-vous, l'homme ?

CARDOT.

Me voici ! merci de votre bonté, mes braves gens ! (A part, regardant René.) Allons, je tiens mon cadavre !...

Il sort avec Pirard.

FANFERDOULE, à René.

Au revoir !

RENÉ.

Où vas-tu ?

FANFERDOULE.

Piocher ma thérapeutique... Ah! mon ami, à présent que j'ai des malades, il est bien temps que j'étudie un peu les maladies!... (A part.) Je crois qu'ils ne sont pas fâchés que je les laisse seuls!

Il sort.

SCÈNE VI

ALICE, RENÉ.

RENÉ, venant à Alice.

Madame, dites-moi... à la vue de ce mendiant, pour qui trembliez-vous ainsi?

ALICE.

Pour qui? mais pour vous, monsieur!

RENÉ.

Pour moi?

ALICE.

N'êtes-vous pas mon hôte et ne vous dois-je pas aide et protection?... Mais laissons cela! (Regardant la toile sur le chevalet.) Ah! votre vierge est achevée!

RENÉ.

Me pardonnez-vous de lui avoir donné vos traits?

ALICE, prenant un dessin dans le portefeuille.

Vous faites peut-être abus de ces traits, monsieur René.. cette esquisse les reproduit encore.

RENÉ.

C'est vrai!

ALICE.

Vous êtes un flatteur! Vous me faites beaucoup trop jolie!

RENÉ, très ému.

Oh! madame!

ALICE.

Comment vous êtes-vous souvenu si fidèlement de la toilette que je portais le soir de notre première rencontre?

RENÉ.

Demandez-moi plutôt comment j'aurais fait pour ne pas m'en souvenir!...

ALICE.

De beaux succès vous attendent, monsieur Derville. Vous arriverez à un grand renom et à une grande fortune! (René chancelle.) Mais qu'avez-vous donc?

RENÉ.

J'étouffe ici... j'étouffe! (Il va ouvrir la fenêtre de gauche.) Cet air pur me fait du bien! (Après un temps.) Combien de temps demeurerez-vous encore à Francheville, madame?

ALICE.

Je comptais partir dans quarante-huit heures; mais tous mes projets sont changés.

RENÉ, avec joie.

Ah!

ALICE.

C'est M. Pirard qui m'a conseillé... qui a exigé... Les pauvres du pays, paraît-il, veulent me garder de force!.. Mais à quoi songez-vous donc?

RENÉ.

A un pauvre qui ne participera pas à vos aumônes!

ALICE, lentement.

Pourquoi?

RENÉ.

Ce qu'il oserait solliciter, vous le lui refuseriez, madame!

ALICE, gravement.

Je lui ai déjà donné mon amitié, qu'il s'en contente!
(Bravement.) Oh! je vous en prie, n'insistez pas davantage!
Vous m'aimez... je le crois! Cet amour, il faut vous hâter
de l'arracher de votre cœur avant qu'il ne l'occupe tout
entier! Votre esprit me plaît... Je serai enchantée de vous
recevoir à Paris, lorsque vous serez devenu raisonnable!
Je m'occuperai de votre avenir; je vous choisirai une
compagne. Elle ne sera pas duchesse... les jeunes artistes
ne forment de telles alliances qu'au dernier chapitre des
romans... Mais vous serez heureux tout de même!

RENÉ, avec éclat.

Assez! Et comprenez donc enfin ce que vous me faites
souffrir!

ALICE.

Je vous fais souffrir, moi!... Je serais inexcusable d'encourager un sentiment que je ne puis ni ne dois partager!

RENÉ.

Réfléchissez donc que chaque 'minute passée à vos côtés n'a fait qu'accroître l'amour qui me dévore! Ne voyez-
vous donc pas que le regard de vos yeux trouble tout
mon être, que le son de votre voix m'affole et m'enivre?
Vous m'avez fait aimer cette vie que je haïssais! Là, où
il n'y avait que dégoût et désespérance, vous m'avez fait
entrevoir le bonheur, et, brutalement, vous me rejetez dans
le désespoir et les larmes! Après m'avoir sauvé, vous devenez mon bourreau!

ALICE, avec une gaieté forcée.

Ah! vous n'êtes pas galant, monsieur Derville! Mais
assez de querelles... ne parlons plus de tout cela, voulez-
vous? (Elle prononce ces derniers mots avec une réelle émotion, et
tendant la main à René.) Le voulez-vous, mon ami?

RENÉ, serre la main d'Alice, après un temps.

Vous avez raison, madame : de tels rêves ne sont pas
faits pour moi. J'ai bâti des châteaux en Espagne... Ils
s'écroulent sur ma tête! Pardonnez-moi!

ALICE.

Saurais-je vous garder rancune?

RENÉ.

Prouvez-moi que je suis absous en répondant franche-
ment à la question que j'ose vous adresser.

ALICE.

Parlez!

RENÉ.

Ce M. de l'Oseraie que vous avez revu à Nice, n'a-t-il
rien tenté pour se rapprocher de vous? et ce mariage qui
devait avoir lieu?...

ALICE.

Monsieur Derville, je n'ai qu'une réponse à vous faire.
Le mariage, c'est l'esclavage pour la femme; et j'adore la
liberté! Quant à M. de l'Oseraie, ne prononcez pas son
nom! J'ai donné l'ordre, au cas où il se présenterait,
de lui barrer impitoyablement le passage. Il n'osera désormais franchir le seuil de cette demeure!

*On a vu paraître par la fenêtre à gauche Cardot, toujours en
haillons, avec M. de l'Oseraie.*

CARDOT, à l'Oseraie en lui montrant Alice et René.

Que vous disais-je? c'est à vous d'agir.

Ils disparaissent.

RENÉ.

Ah! soyez bénie, madame! Vous rendez le calme à mon
âme!... Je ne connais pas cet homme, je vous le répète,
mais je le jalouse, et je le hais!

SCÈNE VII

LE MARQUIS, entrant.

J'ai l'honneur de saluer madame de Morignac!

ALICE.

Vous, monsieur! vous!

LE MARQUIS.

Moi-même... Malgré la consigne que vous aviez donnée. J'avais sans doute des intelligences dans la place... mais il me semble que j'ai mal choisi mon moment... Je crains d'avoir troublé un doux tête-à-tête.

ALICE, se redressant.

Monsieur, oubliez-vous à qui vous parlez?

LE MARQUIS.

Je n'oublie rien... je n'ai rien oublié... (Avec menace.) Et voilà pourquoi je suis ici!

ALICE.

D'où vous vient cette audace?

LE MARQUIS.

De vos insultes! Vous avez cru que je supporterais, sans révolte, et votre injustice et votre colère! Sur la foi d'infâmes propos, que je dédaigne de relever, vous vous êtes faite ma justicière, et vous m'avez condamné! Vous vous êtes imaginé que, résigné, repentant et soumis, je me courberais sous l'opprobre! Allons donc! Vous ne me connaissez pas, madame! Je fais face à l'orage, et me voici!

RENÉ.

Ah! c'est trop d'insolence...

Il va s'élancer sur le marquis.

ALICE, le retenant.

Ne répondez pas à cet homme!

LE MARQUIS.

Laissez donc M. Derville relever le gant; cela rentre tout à fait dans son rôle de paladin.

René étouffe un cri.

ALICE, au marquis.

Sortez, monsieur, ou sinon...

LE MARQUIS.

Vous appellerez vos gens et me ferez chasser! Eh! par-
dieu! c'est tout ce que je demande! Ce sera publique-
ment que je parlerai. Appelez vos laquais, madame, ap-
pelez-les donc!...

ALICE, le regarde en face, puis elle vient lentement à lui et à mi-
voix.

Et que direz-vous, monsieur le faussaire?

LE MARQUIS.

Je dirai que les raisons par vous invoquées, pour rom-
pre notre mariage, n'ont aucune base sérieuse. Il vous a
plu de fouiller dans mon passé, et de placer entre vous
et moi le mensonge et la calomnie. La cause de ce changement n'était pas dans l'indignité dont il vous convenait
de me flétrir! La vraie cause, la voici : c'est ce vagabond,
ce bohème, que vous n'avez pas craint d'accueillir dans
votre loge à l'Opéra, qui était à Nice en même temps que
vous et qui, aujourd'hui, vit au château de Francheville,
se faisant honteusement héberger par celle dont, soi-disant, il est l'artiste à gages, et dont, en réalité, il est...
l'amant!

RENÉ, bondissant sur lui et menaçant.

Vous mentez, monsieur, vous mentez!

LE MARQUIS, à part.

Allons donc! Il y est venu!

RENÉ.

Qui insulte une femme est un lâche!

LE MARQUIS, à Alice.

Eh bien, madame, cette belle colère ne prouve-t-elle
pas que j'ai dit vrai?

ALICE.

Vous êtes un misérable!

LE MARQUIS.

Je prends ma revanche, voilà tout! Ah! vous avez en

M. Derville un vaillant défenseur! Mais, ne pensez-vous pas que sa vaillance frise un peu la témérité?

ALICE, tremblante.

Mon Dieu!

LE MARQUIS, à René.

Ce soir, vous recevrez mes témoins, monsieur. Faites en sorte que les vôtres règlent promptement les conditions du combat... Il importe que cette querelle soit vidée sans retard; mais je vous en préviens, ce sera un duel à mort...

RENÉ.

Oui... à mort!

LE MARQUIS, à Alice, montrant René.

Vous m'avez outragé, mais je tiens ma vengeance... je le tuerai... Je le tuerai!

Il sort.

SCÈNE VIII

RENÉ, ALICE.

ALICE, venant à René.

René, vous ne vous battrez pas!

RENÉ.

Que voulez-vous dire?

ALICE.

Je dis que ce duel est impossible! M. de l'Oseraie n'est pas un adversaire comme les autres. Deux fois, il est allé sur le terrain; deux fois, ce fut un cadavre que les témoins rapportèrent!... Vous ne vous battrez pas!

RENÉ.

Vous raillez, madame!

7.

ALICE.

Vous ne l'avez donc pas entendu! Il vous tuera! Non, encore une fois, ce duel est impossible!...

RENÉ.

Pensez-vous que la mort me fasse trembler!... Non!... cette mort, à présent, je la désire et l'envie! J'ai tout perdu! Ma mère que j'adorais, vers qui je revenais heureux, savourant à l'avance le bonheur que j'allais enfin pouvoir lui faire partager... Ma mère n'est plus et me voilà seul au milieu de ce monde égoïste et ingrat, qui n'aura pour moi qu'indifférence et mépris!

ALICE.

Et pourquoi voulez-vous donc que l'on vous méprise?

RENÉ.

Ne serai-je pas toujours le vagabond, le bohémien, à qui, par pitié, vous avez donné asile? Car ce n'était que de la pitié! je n'ai plus maintenant à en douter! Votre amour seul pouvait relever mon courage et placer l'espérance là où il n'y avait que lassitude et dégoût! Mais vous ne m'aimez pas! Vous ne sauriez encourager un sentiment que vous ne pouvez, ni ne devez partager. Madame la vicomtesse de Morignac ne peut, ni ne doit laisser tomber ses regards sur le misérable qui ne craint pas de l'aimer!

ALICE, très émue, assise à droite.

Monsieur René, je vous en supplie, ne parlez pas ainsi!

RENÉ.

Vous me marierez, avez-vous dit? Eh! pensez-vous donc que vous ayant aimée, ce cœur que vous brisez saurait appartenir à une autre? Non! la vie désormais est un fardeau pour moi! M. de l'Oseraie m'apporte la mort... qu'elle soit la bienvenue! j'aurai du moins, la consolation de mourir pour celle à qui je n'ai pu consacrer ma vie!

ALICE, se relevant.

Taisez-vous! ah! vous ne voyez donc pas que vous me torturez?...

RENÉ.

Non! non!... N'essayez point de me vaincre!... Tant de pitié m'humilie! Vous ne m'aimez pas, et vous voulez que je vive! Allons donc!... C'est avec impatience que j'attends cette heure qui doit me faire libre!... M. de l'O-seraie est un adversaire terrible... tant mieux! La fin de mes tourments n'en sera que plus certaine! et fussé-je le plus fort, j'offrirais ma poitrine à son épée!

ALICE, avec élan.

Eh bien! non... non... vous ne vous battrez pas!

RENE.

Je veux mourir!

ALICE, très émue.

Vous ne mourrez pas... je vous aime!

RENÉ.

Qu'ai-je entendu?... est-ce vrai?... Vous m'aimez?...

ALICE, à mi-voix.

Je vous aime!

RENÉ.

Et je n'irais pas vous défendre!... Et je refuserais ce combat qui vous donne à moi!... Mais c'est alors que je serais lâche et infâme!... Vous m'aimez, Alice! Eh bien, votre amour me protègera, et vous serez vengée!

Il sort vivement. Alice reste accablée.

Rideau.

SEPTIÈME TABLEAU

Un duel à mort.

Le bord de la mer. — Temps orageux. — Les éclairs luisent.

SCÈNE PREMIÈRE

CARDOT, même costume qu'au précédent tableau, il entre à gauche.

M. de l'Oseraie a toutes les qualités requises pour me débarrasser de ce René Derville. Le coup d'œil juste, la main sûre ! Il le tuera ! il le faut !... il le faut !... je le veux ! (Avec un cri de joie.) Ah ! c'est lui ! je me sens mieux.

Il se cache.

SCÈNE II

CARDOT, LE MARQUIS et Ses Témoins, entrent à gauche.
Ils portent des épées.

LE MARQUIS, à ses témoins.

Je vous sais gré, messieurs, d'avoir bien voulu m'assister... Il a été convenu, n'est-ce pas, avec les témoins de M. Derville que la rencontre devait avoir lieu dès l'aube ? (Signe affirmatif des témoins.) J'espère que M. Derville ne se fera pas attendre !

Les témoins remontent.

CARDOT, s'approchant de lui le chapeau à la main.

La charité, mon bon monsieur!

LE MARQUIS, le reconnaissant.

Ah! c'est vous!

CARDOT.

Ne pensiez-vous pas me trouver ici?

LE MARQUIS, à mi-voix.

J'eusse été surpris de ne pas vous y voir!

CARDOT, même jeu.

A quelle heure vous battez-vous?

LE MARQUIS.

Dans un instant!

CARDOT.

Les armes? L'épée n'est-ce pas?

LE MARQUIS.

Oui, l'épée!

CARDOT.

Il faut qu'il meure!

LE MARQUIS.

Il mourra!

CARDOT.

J'y compte!

LE MARQUIS.

Mais rappelez-vous ceci : c'est un assassinat que vous exigez de moi!

CARDOT, le regardant en face.

Si cet assassinat vous sauve du bagne! (Il jette un coup d'œil vers la droite.) Le voici! ne faiblissez pas! (A haute voix.) Dieu vous ait en sa sainte garde, mon bon monsieur...

Il salue les témoins qui sont restés au fond et s'éloigne par la gauche.

LE MARQUIS, à lui-même.

Le bagne... a-t-il dit?... Oui, il a entre les mains ces preuves maudites!... D'un mot, d'un seul mot, il peut anéantir toutes mes espérances et me river au pied la chaîne du galérien! Le bagne! jamais! Sois criminel jusqu'au bout, fils indigne de ta race... Tu n'étais que faussaire, deviens meurtrier!

SCÈNE III

LE MARQUIS, SES TÉMOINS, RENÉ, FANFERDOULE, PIRARD.

Ils entrent de droite. Pirard porte les épées. Fanferdoule a le collet relevé.

FANFERDOULE.

Quelle matinée! Il vente! il grêle! il tonne! Peut-on choisir un temps pareil pour se couper la gorge!

PIRARD.

Quand j'étais au service, monsieur Fanferdoule, je me suis battu dans des conditions encore plus désobligeantes!

RENÉ, à M. de l'Oseraie.

Vous nous avez devancés, messieurs; cependant nous avons été ponctuels. Voyez: le jour se lève!...

LE MARQUIS.

Vous êtes, monsieur, d'une exactitude rigoureuse... Finissons-en promptement; c'est tout ce que je demande!

RENÉ.

Et moi tout ce que je souhaite!

Le marquis et René demeurent à l'avant-scène, René à droite, l'autre à gauche. Fanferdoule et Pirard sont au fond et causent à voix basse avec les témoins. On mesure les épées. Scène muette dans laquelle on n'entend que le fracas de l'orage.

PIRARD, après un temps.

Ce terrain me semble acceptable !... au reste, nous ne saurions trouver un endroit plus désert !

Le marquis et René ôtent leur redingote et leur gilet. Fanferdoule vient à René et, à mi-voix.

FANFERDOULE.

Tu vas jouer une grosse partie! Hardi, ma vieille! mais ne t'emballe pas.

L'UN DES TÉMOINS.

Désirez-vous tirer les places?

LE MARQUIS.

Nous sommes bien ainsi.

RENÉ.

Comme M. de l'Oseraie, j'ai hâte d'en finir!...

FANFERDOULE, à René.

Prends garde! Il a pour lui la force et la ruse!

RENÉ.

Et moi, j'ai mon amour et mon courage!

Pirard donne les épées, les réunit par la pointe et fait deux pas en arrière.

PIRARD.

Allez, messieurs.

Le duel s'engage.

LE MARQUIS, railleur.

Comme vous y allez, monsieur!

RENÉ.

Je vais à vous, monsieur, avec toute ma haine et le désir de punir un calomniateur !

LE MARQUIS.

Si je vous en laisse le temps!...

Il se fend sur René et le pique au bras droit.

FANFERDOULE.

Touché! tu es touché!

Il noue son mouchoir autour du poignet de René.

RENÉ.

Ce n'est rien...

LE MARQUIS.

Il a été convenu que ce duel serait un duel à mort!

RENÉ.

Je ne l'oublie pas, monsieur! défendez-vous!

*Il fond sur le marquis. Le combat reprend. René désarme le
marquis.*

LE MARQUIS, avec un cri de rage.

Ah!... désarmé!...

RENÉ.

Ramassez votre épée, monsieur, ramassez-la!... Je n'as-
sassine pas, moi!...

*Le marquis saute sur son épée, et se redresse. L'horizon qui s'é-
tait éclairci, redevient sombre.*

PIRARD.

Le ciel s'obscurcit, messieurs.

RENÉ.

Qu'importe!... à la lueur des éclairs nous saurons voir
nos épées... Nous battrions-nous en pleines ténèbres,
elles trouveraient le chemin de nos cœurs!

LE MARQUIS.

Vous avez raison! en garde!...

*Le combat recommence. Le marquis s'élance bientôt sur René,
mais ce dernier pare le coup et atteint le marquis en pleine
poitrine. Le marquis pousse un cri, chancelle et tombe sur
un genou.*

LE TÉMOIN.

Assez, messieurs, assez!...

LE MARQUIS, faisant des efforts pour se relever.

Non, il faut que je le tue! Et je le tuerai... je... (Sa voix s'éteint.) Ah! que je souffre! j'étouffe!... Ah! je meurs!

Il tombe.

SCÈNE IV

Les Mêmes, ALICE, puis CARDOT, puis BALTHAZAR, Gardiens des Fous, Paysans, Pêcheurs.

ALICE, accourant.

René!... (Elle aperçoit le marquis inanimé.) Ah! M. de l'Oseraie!...

RENÉ, lentement.

Il avait exigé que ce fût un duel à mort.

FANFERDOULE, qui est venu auprès de M. de l'Oseraie, lui met la main sur le cœur.

Et je vous réponds que ses vœux sont exaucés!

CARDOT, qui a paru de gauche, descendant à l'avant-scène.

Malédiction!... Il me l'a tué!... Et lui, ce Derville, ce Derville maudit, est encore là, vivant!... Tout est perdu pour moi et je ne puis me venger!...

On emporte le marquis. Sortie à droite. Fanferdoule et Pirard suivent les témoins de M. de l'Oseraie.

RENÉ, à Alice.

Ne vous avais-je pas dit que votre amour me protègerait!

ALICE.

Béni soit le ciel qui a exaucé mes prières! Venez, mon ami, rentrons au château!

Elle fait un mouvement vers le fond droite.

BALTHAZAR, entre à gauche.

Un moment, s'il vous plaît?

CARDOT, à part.

Balthazar !

RENÉ, reculant avec un cri.

Ah !... cet homme, je le reconnais... que me veux-tu misérable, que me veux-tu ?

BALTHAZAR.

Vous allez le savoir !

Il fait un signe. Entrent à gauche deux gardiens suivis de paysans et de pêcheurs.

ALICE, à René.

Pourquoi tremblez-vous ainsi ?

RENÉ.

Ne m'interrogez pas !... J'ai peur ! j'ai peur !

BALTHAZAR, désignant René.

C'est lui qui s'est échappé de Sainte-Anne et que j'ai ordre d'emmener à la maison de Francheville ! (Tirant des papiers.) Voici les constatations signées par les commissaires de police de Paris et du Havre.

CARDOT, bas, à Balthazar.

Bien joué, Balthazar ! Je te rends mon estime.

RENÉ, s'avançant milieu.

Ne voyez-vous donc pas que je suis victime d'une machination odieuse !... Oui, je me suis échappé de Sainte-Anne... mais j'avais ma raison !... aujourd'hui, s'ils veulent me reprendre, c'est pour me faire à nouveau endurer les supplices sans nom que j'ai déjà subis... Mais vous vous opposerez, n'est-ce pas, à semblable infamie ?

ALICE.

Je réponds de M. Derville.

BALTHAZAR, aux gardiens.

Emparez-vous de cet homme !

Fanferdoule et Pirard entrent à droite.

RENÉ.

Non! non! je ne veux pas. (Aux paysans.) Ecoutez-moi
donc! Je dis la vérité! Ils ne répondent rien!... Parbleu!
J'ai déjà été enfermé, donc je suis fou!... J'ai déjà subi
ma peine, donc je suis coupable! Je me révolte! je suis
fou... Ah! c'est épouvantable! Le dernier criminel a un
jury qui l'entend, un avocat qui peut le défendre; moi,
je n'aurai que les médecins qui me condamneront! Et
quand, après de longs jours de lutte et d'agonie, la raison m'abandonnera enfin, mes bourreaux s'écrieront:
Vous voyez bien qu'il était fou!... (Nouveau geste de Balthazar.) N'importe! je me défendrai.

FANFERDOULE.

Oui, nous te défendrons!

BALTHAZAR.

Cet homme est fou, vous dis-je; toute résistance serait
inutile! (Aux gardiens.) Allons!

CARDOT, à part.

Il était dit qu'il aurait le sort de son parent Pierre Desvignes... Il y a des familles qui n'ont pas de chance. (A
Balthazar.) Emmène-le à l'asile; dans deux heures, j'y serai.

FANFERDOULE.

Et nous n'avons pas une bonne loi qui empêche de
tels crimes!

RENÉ.

Adieu, Alice, je n'ai pas perdu tout espoir puisque j'ai
votre amour.

On entraîne René.

Rideau.

HUITIÈME TABLEAU

Le tribunal des fous.

Le théâtre représente la grande cour de l'asile. — A gauche, un mur percé d'une porte. — A droite, le pavillon de la direction. — Au fond, porte conduisant aux cabanons des agités furieux.

SCÈNE PREMIÈRE

BALTHAZAR, MICHEL, Gardiens, Fous, puis CARDOT et LORIOT.

Les fous sont assis et groupés sous la surveillance des gardiens.

BALTHAZAR.

Je crois que tous ces gueux-là ont assez pris l'air! Michel, vous sonnerez bientôt la rentrée des hommes!... Les femmes ne sont pas sorties depuis deux jours ; on leur donnera ce soir le préau pendant un quart d'heure.

CARDOT, sortant du pavillon suivi de Loriot.

Oui... oui... c'est bon, tu m'es fidèle; tu feras tout pour mériter ma confiance... Toutes ces protestations sont inutiles, puisque te voyant sans pain, sans gîte et sans argent, j'ai consenti à te reprendre et à te charger des écritures de la maison.

LORIOT.

Patron, dites-moi que vous ne vous méfiez pas de moi.

CARDOT.

Oui, et j'ai peut-être tort, car après ce qui s'est passé à Nice... Cette voiture que tu avais retenue et qui a servi à la fuite de René Derville...

LORIOT.

Il n'y a pas eu de ma faute, je vous le jure. Entre nous me supposez-vous assez de vice pour vous trahir?

CARDOT.

Non, certainement.

LORIOT.

Oh! merci, patron. Je n'oublierai jamais ce que vous avez fait pour moi!... Après votre départ de Nice... je ne savais que devenir! Je ne dînais pas tous les jours... Dieu merci j'ai eu la chance de vous retrouver et me voilà votre employé... à vingt-cinq francs par mois!

CARDOT.

Et nourri!...

LORIOT, se frottant l'estomac.

Comme d'habitude!...

CARDOT.

Allez travailler, monsieur Loriot, allez!...

LORIOT.

Laissez-moi vous remercier encore une fois, patron.

CARDOT.

C'est bien, c'est bien ; je suis indulgent; on le sait!...

SCÈNE II

LES MÊMES, moins LORIOT, rentré dans le pavillon.

BALTHAZAR, s'approchant de Cardot.

Vous êtes sûr de ce garçon?

CARDOT.

Très sûr! On n'a rien à redouter d'un niais! En outre, je préfère l'avoir sous ta main, sous la mienne. On ne sait pas ce qui peut arriver... Rien de nouveau, monsieur Balthazar?

BALTHAZAR.

Rien!

CARNOT.

René Derville?...

BALTHAZAR.

Toujours au secret.

CARDOT.

Son état?

BALTHAZAR.

Prostration complète.

CARDOT.

On le soigne comme il convient?...

BALTHAZAR.

Des douches et la camisole.

CARDOT.

Ton avis sincère sur ce malheureux?

BALTHAZAR.

Il est plus sain d'esprit que vous et moi, et il serait difficile de prouver à l'autorité...

CARDOT.

Il faut donc en finir!

BALTHAZAR.

Vous voulez l'envoyer rejoindre Pierre Desvignes!

CARDOT.

Oui! René Derville est son unique héritier!... Lui mort, je peux m'approprier sa fortune. Et puis, je le hais, ce René! Il m'a tué M. de l'Oseraie... sa mère m'a humilié sous ses dédains... La haine m'étreint le cœur, et, coûte que coûte, je me vengerai!

BALTHAZAR, vivement.

Plus bas, donc, plus bas!... Ah! patron, vous manquez de prudence! Vous m'avez déjà tenu ce discours hier soir; vous avez parlé de vengeance, d'héritage et d'opium... et quelqu'un nous écoutait...

CARDOT.

Qui donc?

BALTHAZAR.

Je n'ai pu distinguer, mais j'ai vu une ombre qui a disparu.

CARDOT.

Tu t'es trompé! personne n'a intérêt à nous épier.

BALTHAZAR.

On ne sait pas.

CARDOT.

Tu es un trembleur, Balthazar. Dis-moi : a-t-on vu encore rôder par ici madame de Morignac?

BALTHRZAR.

Oui, plusieurs fois! Elle a même voulu pénétrer ; mais, selon la consigne, on a été inflexible.

CARDOT.

On a eu raison! Il ne faut pas qu'elle voie ce Derville. Encore un mot : notre nouvelle pensionnaire?

BALTHAZAR.

Cette vieille enragée... celle qu'on a baptisée le n
méro 36?

CARDOT.

Précisément : le numéro 36.

BALTHAZAR.

Elle révolutionne le quartier des femmes!... Désire
vous la voir? on va faire rentrer les hommes. (Il fait u
signe, on entend une cloche, les fous ne bougent pas.) Depêchons
voilà cinq minutes qu'on devrait être en cellule. (Les ga
diens poussent les fous et les menacent de leurs bâtons.) Au pr
mier qui résiste, la camisole pendant deux jours!... All
et appelez les femmes!

Les fous sortent par la porte du fond qu'on referme.

CARDOT.

Mes compliments, Balthazar!... Tu aurais fait un bo
garde-chiourme.

On entend des exclamations, des rires, les folles se précipitent
scène par la droite.

SCÈNE III

LES MÊMES, LES FOLLES, puis LA BARONNE DE BALBAN

CARDOT, hypocritement.

Quand on pense que les familles de la plupart de c
deshéritées me payent une bonne pension pour que j'e
fasse des folles... il faut être bon pour les folles... Mais
numéro 36... Je ne vois pas le numéro 36.

LA BARONNE, effrayante, l'œil hagard, fendant les rangs des foll

Le 36!... ma martingale! J'ai gagné! J'ai gagné!

CARDOT, la contemplant.

Cette pauvre baronne! elle a eu son premier accès

Monte-Carlo... Elle s'est enfuie avec ses derniers sous et elle est venue échouer à l'asile où je l'ai recueillie, généreusement. C'est un otage!

LA BARONNE, venant à Cardot.

Qui es-tu, toi? Es-tu croupier, prêteur? Tu n'auras rien de moi, mon garçon! Je n'ai plus besoin d'engager mes bijoux, puisque je gagne toujours!... Sont-ils bêtes, ceux qui ne savent pas gagner... A Monte-Carlo, je poussais masse en avant sur le 36... la bille s'élance... un imbécile qui était près de moi, me dit : « Pauvre chère dame, » vous avez encore perdu. » Perdu! qui? moi? ce n'était pas vrai!... Le 36 était sorti... il sortait toujours. Je ne voyais plus partout que des 36!... Et les billets de banque s'amoncelaient devant moi; l'or venait rouler dans mes mains!... Et je riais... Ah! ah! ah! Mais je jouais quand même! vous comprenez! ma martingale!... Et le croupier me donnait de l'or, toujours de l'or! Il m'en donnait tant qu'à la fin, je lui criai : « Assez assez, je » n'en veux plus! ça me rendrait folle! »

CARDOT, bas, à Balthazar.

Le bulletin médical de cette excellente baronne?

BALTHAZAR.

Grande névrose compliquée de monomanie des grandeurs.

LA BARONNE, s'élançant sur eux,

Que complotez-vous, tous les deux? Vous voulez me reprendre mon argent... Vous ne l'aurez pas!... C'est moi qui vous gagnerai le vôtre. (Tire un jeu de cartes de sa poche.) Un petit bac, n'est-ce pas? ça va-t-il.

Elle s'accroupit à droite de la scène, toutes les folles forment un cercle autour d'elle et la regardent curieusement.

CARDOT, à Balthazar montrant la baronne qui bat les cartes.

Ce sujet m'intéresse, Balthazar.

LA BARONNE.

Je mets deux millions en banque! .. (Aux folles.) Allons, jouez, mais jouez donc!... (Les folles restent immobiles.) Elles

8

ont peur; ça se comprend... J'ai tant de veine!... (Jette ses cartes au hasard, avec un nouveau rire.) Neuf! neuf! j'ai gagné partout. Et l'on disait que j'avais tort de jouer... on disait que j'y perdais ma fortune. (Se relève d'un bond.) Tous vos casinos, je les brave... Je vous décaverai, entendez-vous bien. Je vous aurais tous! Allons, encore une partie. (Poussant un cri.) Ah! j'ai perdu!... qui donc a gagné? Qui donc?

CARDOT, se rapprochant.

Allons, baronne, un peu de calme!

LA BARONNE.

C'est toi! c'est toi qui m'as gagné. Tu n'es qu'un voleur, un voleur... un voleur!

Elle déchire ses cartes et les lui jette à la figure.

MICHEL, accourant de gauche par la porte.

Monsieur Cardot!... monsieur Cardot!...

CARDOT.

Qu'y a-t-il?

MICHEL.

Madame de Morignac a trompé notre surveillance.. Elle s'est égarée dans les cours. Dans un instant elle sera dans ce préau.

CARDOT.

Et qui lui a facilité l'accès de l'hospice?

MICHEL.

Le portier qu'elle a acheté.

CARDOT, très agité.

Emmenez toutes ces femmes! emmenez-les donc!

BALTHAZAR, levant son gourdin, va à la baronne, en passant au dessus de Cardot.

Aux cellules, aux cellules.

LA BARONNE.

Non! je ne veux pas m'en aller! je veux jouer encore

Tu me rendras mon argent, voleur, tu me le rendras !
(Avec un rire sauvage.) Ah !.. ah! ah! j'ai assez perdu ! je
veux ma revanche !..

CARDOT.

Emmenez-la, mais emmenez-la donc.

Balthazar et les gardiens bousculent les folles. — La baronne
crie plus que les autres. — On parvient à les repousser, les
gardiens sortent avec elles, à droite.

SCÈNE IV

CARDOT, ALICE, entrant par la porte à gauche.

CARDOT.

C'est elle! jouons serré !

ALICE.

Vous êtes monsieur Cardot, directeur de cette maison?..

CARDOT, cauteleux

Directeur, non, madame; intéressé dans l'exploitation,
voilà tout.

ALICE.

Vous n'ignorez pas que c'est à force d'argent que je
suis parvenue à entrer chez vous.

CARDOT, hypocritement.

Je n'ignore rien, madame, et je regrette qu'on ait mal
interprété, à votre égard, certain ordre donné à la légère.
La petite influence que j'exerce est à votre service.
Ainsi donc, madame, parlez sans crainte et soyez assurée que vous trouverez en moi un ami.

ALICE.

Un ami !.. Vous!

CARDOT.

Qui vous amène, madame?

ALICE.

Il y a un mois, on a enfermé ici un malheureux jeune homme... M. René Derville.

CARDOT, feignant d'ignorer.

René Derville? En effet, il me semble que ce nom figure sur nos registres!... Mais pardonnez-moi : je croyais que vous veniez me parler d'une autre personne qui, à mon sens, doit vous intéresser davantage.

ALICE.

Oui, madame de Balbans, ma tante... en effet je sais que la malheureuse est folle.

CARDOT.

Folle à lier... mais rassurez-vous, on ne la lie pas! nous la traitons de notre mieux. Elle a une fort belle chambre bien aérée, visite du médecin deux fois par jour, nourriture soignée, et, tous les dimanches, nous lui donnons des cartes neuves.

ALICE.

Vous êtes créancier de madame de Balbans, je ne l'ignore pas ; je vous paierai.

CARDOT.

Je n'attendais pas moins de votre grand cœur. Vous constaterez toutefois que je n'ai rien réclamé.

ALICE.

Revenons à M. René Derville.

CARDOT.

René Derville! Oui, c'est vrai ! Nous ne pensions plus à lui!.. Et qu'avez-vous à dire au sujet de ce pauvre jeune homme ?

ALICE.

Ce que j'ai déjà dit ; il n'est pas fou !

CARDOT.

Oh ! madame !...

ALICE.

Il n'est pas fou... c'est contre toute justice que vous le retenez !... Je comptais sur son ami M. Fanferdoule . Il m'avait dit : « ne craignez rien. Je saurai prouver que » René a toute sa raison ; je pars pour Paris, je ferai tant » qu'il faudra bien qu'on lui rende sa liberté ! » Un mois s'est écoulé....

CARDOT.

Et ce brave M. Fanferdoule n'a pas reparu !

ALICE.

Je n'ai pas eu de ses nouvelles ! Et voilà pourquoi je suis venue !

CARDOT.

M. Fanferdoule n'aurait rien pu obtenir ! René Derville est un danger pour la société. Notre devoir est de le garder.

ALICE.

Où est-il ?

CARDOT, montrant le bâtiment du fond.

Là, aux agités furieux.

ALICE, avec un cri.

Aux agités furieux !... Oh ! vous l'arracherez de ce bagne...

CARDOT.

Qui ! moi ? impossible ! Quel pouvoir me supposez-vous donc ?

ALICE.

Le maître doit être aussi cupide que les valets... je veux la liberté de René Derville, entendez-vous ; il me la faut. Faites votre prix ; je paierai !

8.

CARDOT.

Vous vous êtes méprise, madame; si les valets se sont laissés corrompre, le maître ne peut être acheté.

ALICE.

Ah! monsieur, pardonnez-moi... Mais que voulez-vous? La douleur m'égare. Voyez, je vous conjure.. je pleure...

CARDOT.

Larmes et supplications inutiles, madame!

ALICE.

Ah! vous m'écouterez; vous aurez pitié! Laissez-moi le voir un instant, un seul. Tenez, je suis à vos genoux... grâce pour lui, monsieur, grâce pour moi !

Elle s'incline devant Cardot.

SCÈNE V

LES MÊMES, FANFERDOULE, BALTHAZAR.

FANFERDOULE, tenue sévère, cravate blanche. Il entre par la porte à gauche, bousculant Balthazar.

Ne suppliez pas, madame... me voilà, moi!

ALICE, avec un cri de joie.

M. Fanferdoule!

FANFERDOULE.

Oui, Fanferdoule, qui a pénétré dans cet antre, malgré tous les cerbères qui lui barraient le passage.

BALTHAZAR, à part.

Le gueux! j'ai cru qu'il allait m'étrangler!

CARDOT, furieux.

Je ne comprends rien à l'étrange façon dont vous osez vous présenter. Oubliez-vous que je n'aurais qu'à faire un signe pour que l'on vous chassât comme un voleur?

FANFERDOULE, qui a tiré un papier de sa poche, le met sous le nez de Cardot.

Docteur Fanferdoule, inspecteur des hospices d'aliénés, nommé, il y a quatre jours, par le Ministre que nous avons en ce moment-ci... Oui, vieux gredin, inspecteur! On arrive à tout quand on est du Midi!

CARDOT, avec effroi.

Inspecteur des maisons d'aliénés !

FANFERDOULE.

Ça te défrise, pas vrai? Eh quoi, il ne te suffisait pas d'être le plus gredin des gredins, le plus voleur des voleurs, tu t'es mis à la tête d'une fabrique de fous. Tu retiens entre les murs de tes cellules humides, un tas de pauvres diables qui ne sont pas plus toqués que toi et moi! Ils se plaignent, tu les fais bâtonner; ils crient, tu étouffes leurs gémissements; mais, malgré toutes tes précautions, plaintes et cris sont entendus de braves cœurs de mon genre. Un beau soir, M. Fanferdoule vous arrive, vous met la main au collet et vous dit : « Vous êtes un misérable, monsieur Cardot, et je viens vous punir !» (Il pose sa main sur l'épaule de Cardot. Après un silence.) Té... mon bon, il me semble que vous n'avez plus envie de me faire chasser à présent !

CARDOT, d'une voix étouffée.

Eh !... que me voulez-vous ?

FANFERDOULE.

D'abord interroger René Derville.

BALTHAZAR.

On vient de lui mettre la camisole. Il serait dangereux de le voir.

FANFERDOULE.

Dangereux pour vous, c'est mon avis!... (Cardot et Balthazar prennent des mines contrites.) Pas de simagrées et obéissez !

CARDOT, bas, à Balthazar.

Il nous tient! il portera plainte au parquet!

FANFERDOULE.

Je vous ai déjà dit une fois : obéissez !

CARDOT, à part.

Il le faut. (Haut.) Amenez M. René Derville.

Balthazar s'incline et sort par la porte du fond.

FANFERDOULE, à Alice.

Je gage que vous vous disiez : ce Fanferdoule, c'est un blagueur ! Allez, j'en ai vu des députés, j'en ai vu des sénateurs... J'en ai vu des garçons de bureau !... Entre nous, je crois que c'est à ceux-là que je dois d'être nommé.

Balthazar reparaît, escortant René.

CARDOT.

Vous êtes obéi, monsieur ; voici M. Derville.

SCÈNE VI

Les Mêmes, RENÉ, BALTHAZAR, entrant par la porte du fond.
René a la camisole de force.

FANFERDOULE, voyant René et reculant.

Oh ! le pauvre !

ALICE.

Est-ce lui, mon Dieu ! Est-ce bien lui ?

CARDOT, à part.

Quel changement !... Est-ce qu'il serait devenu...? Ah ! ce serait trop de veine !

FANFERDOULE.

Il ne nous regarde même pas !

CARDOT.

Je voulais vous éviter ce spectacle douloureux ; mais vous avez ordonné ; nous avons dû nous soumettre.

FANFERDOULE.

Non, non! C'est impossible! Il entendra notre voix, René, mon brave René, ne me reconnais-tu pas?

RENÉ, d'une voix lente.

Non! non!

FANFERDOULE.

Fanferdoule! Ton vieux Fanferdoule!

Rene semble un moment chercher dans son esprit.

RENÉ.

Fanferdoule! (Hochant la tête et balbutiant.) Non, non; connais pas.

FANFERDOULE, suppliant.

Mon ami!...

RENÉ, avec une rage subite.

Il n'y a pas d'amis... Il n'y a que des lâches! Les amis vous abandonnent, vous trahissent. (Il repousse Fanferdoule.) Va-t'en! va-t'en!

Il tombe sur le banc, à droite.

FANFERDOULE.

Ah! le malheureux!

ALICE.

Oh! non! non! La lumière se fera dans son esprit. (Saisissant la main du jeune homme.) René, regardez-moi, regardez-moi bien!

RENÉ, sourdement.

Qui êtes-vous?

ALICE.

Je suis Alice... Alice qui vous aime!...

RENÉ, avec un cri.

Alice!

ALICE, radieuse.

Il m'a reconnue! il m'a reconnue!

RENÉ, hébété.

Alice! (Il la regarde encore, puis il part d'un nouvel éclat de rire.
— A Balthazar.) Que me veut cette femme?... Eloignez-la,
éloignez-la donc! Ne voyez-vous pas qu'elle est folle?

ALICE, désespérée, descend à gauche.

C'est fini! c'est bien fini!

CARDOT, bas, à Balthazar.

Ah! je respire! (Haut à Alice.) Que vous disais-je, madame?... (A Balthazar.) Reconduisez-le; je redoute une
crise.

FANFERDOULE.

Non! non! attendez! Je veux tenter une dernière
épreuve. (A René.) René! souviens-toi! j'étais là, le jour où
ta mère s'est noyée!

RENÉ, avec un cri.

Ma mère! (Nouveau silence, puis avec emportement.) Mais je
n'ai pas de mère! Qu'est-ce que vous avez donc à me
tourmenter ainsi? (Courant à Cardot et à Balthazar et montrant
Alice et Fanferdoule.) Ces gens-là me veulent du mal! Protégez-moi, mes amis, protégez-moi!

CARDOT.

Oui, mon enfant, on vous protégera; ne craignez rien!
(A Alice.) Vous voyez! (A Balthazar.) Allez!

Balthazar emmène René. Loriot a paru à la porte du pavillon.

ALICE, suivant René.

René! René!

FANFERDOULE.

Ah! le pauvre!

LORIOT, qui s'est approché de lui, bas.

Ne vous éloignez pas; restez dans les environs, tout
n'est pas perdu!

FANFERDOULE.

Loriot! le petit Loriot!

Loriot rentre dans le pavillon. La nuit est venue.

CARDOT.

Monsieur l'inspecteur désire-t-il assister à l'office du soir?

FANFERDOULE.

Non! Demain, je visiterai votre maison en détail (A Alice.) Venez, madame, venez...

Il s'éloigne avec Alice.

CARDOT, les reconduisant.

J'espère que le rapport de monsieur l'inspecteur nous sera favorable.

FANFERDOULE.

Nous verrons, monsieur, nous verrons ! (A part.) Loriot ! le petit Loriot !

Il sort à gauche avec Alice.

SCÈNE VII

CARDOT, BALTHAZAR, rentrant du fond.

CARDOT.

Allons! j'ai gagné la première manche... mais demain... demain m'épouvante ! (Assis sur le banc, il frappe fiévreusement ses genoux de ses mains.) Non! non! cette fortune, pour laquelle je risque les galères et peut-être plus... il me la faut. Je l'aurai... après, nous verrons!

BALTHAZAR, qui a reparu.

Que diable avez-vous donc?... Vous gesticulez, vous parlez tout seul !...

CARDOT, distraitement.

C'est vrai !

BALTHAZAR.

Ah çà ! qu'est-ce que vous avez à me reluquer comme ça ?

CARDOT.

René Derville...

BALTHAZAR.

Eh bien ? René Derville...

CARDOT, à mi-voix.

Il faut que, cette nuit, l'opium fasse son œuvre !

BALTHAZAR.

L'opium !...

CARDOT.

Tu m'as compris, Balthazar !

BALTHAZAR, hésitant.

Oh ! parfaitement, mais...

CARDOT.

Quoi ?

BALTHAZAR.

Il me semble que nous avons déjà commis assez de...

CARDOT.

Je ne sais quels pressentiments m'agitent, quelle voix secrète parle à mon oreille... mais quelque chose me dit que si, cette nuit même, je n'en finis pas avec René Derville... Eh bien !...

BALTHAZAR.

Eh bien ?

CARDOT.

C'est peut-être lui qui en finira avec moi! (Balthazar se met à rire.) Ne ris pas... Cette folie subite qui l'a terrassé m'a impressionné d'une étrange façon. Tiens! quand il est venu à nous, nous criant : « Protégez-moi! » nous appelant ses amis, le feu de ses regards, m'a comme aveuglé... C'est un ennemi, vois-tu bien... un ennemi qui aurait raison de moi, si je le laissais vivre... Alors tu comprends : il faut qu'il meure!

BALTHAZAR.

Jamais je ne vous ai vu ainsi!

CARDOT.

Allons! suis-moi... tu entreras dans sa cellule... On lui
fait prendre une potion, n'est-ce pas? Eh bien... tu feras
pour lui comme tu as fait pour Pierre Desvignes... viens,
viens!...

Il saisit Balthazar et l'entraîne fond à droite, à l'issue libre. Loriot sort du pavillon.

SCÈNE VIII

LORIOT, puis MICHEL et GARDIENS.

LORIOT, seul.

De l'opium, merci!... Il n'y a plus à hésiter... c'est égal;
le cœur me bat... Ah! canaille de Cardot, tu ne te dou-
tes pas de ce qui t'attend... Ce que je rumine depuis que
je moisis dans cette méchante boîte va donc s'accom-
plir. (Il se dirige vers le fond et recule aussitôt.) Une ronde de
gardiens!...

Il se cache à droite. Les gardiens venant de droite, traversent
la scène; ils portent des lanternes.

MICHEL.

Personne... Rentrons à notre tour. Avec toutes ces bru-
tes, on ne vole ni le repos, ni le sommeil.

Ils sortent à gauche.

LORIOT.

Ils ferment les portes... dans un instant, ils dormiront
comme des marmottes. Et maintenant, Loriot, à l'œuvre!

Il sort par la porte du fond qu'il referme.

9

SCÈNE IX

CARDOT, seul, entre à droite.

CARDOT, s'adressant à la cantonade.

Poltron! imbécile! lâche! Il refuse de m'aider... Un drôle qui me doit tout... Eh bien!... ce qu'il n'ose pas faire... je le ferai, moi! C'est dans ce pavillon qu'il est détenu. Il n'y restera pas longtemps. (Montrant un petit flacon.) Je vais le délivrer.

Il marche vers la porte du fond, à ce moment elle s'ouvre et sur le seuil apparaît René Derville, tête haute, les bras croisés et n'ayant plus la camisole.

SCÈNE X

CARDOT, RENÉ.

RENÉ, d'une voix tonnante.

Où vas-tu, Cardot?

CARDOT.

Lui... René... libre... c'est un rêve! C'est un rêve!

RENÉ.

Avais-tu donc pu croire à ma folie? Non, j'ai eu le courage de jouer cette odieuse comédie devant le seul ami que j'aie au monde, devant la seule femme que j'aimerai jamais, parce qu'il me fallait à tout prix punir tes forfaits. A quoi t'eût condamné la justice des hommes? A quelques mois de prison... Etait-ce assez? non! Il te fallait un châtiment proportionné à tes crimes et voilà pourquoi je me fais ton justicier! Maintenant, Cardot, regarde-moi, regarde-moi bien! Je ne suis pas fou! entends-tu? je ne suis pas fou!

CARDOT.

J'appellerai... on te reprendra... et tu mourras, toi...

Ou entend un grand tumulte, des cris, des imprécations.

RENÉ.

En ce moment, on bâillonne tes gardiens... et on les ligotte...

CARDOT.

Et qui donc?

RENÉ.

Qui! les fous de Francheville qui sont libres!... Qui? tes victimes!... elles vont enfin juger leur bourreau! Regarde!

Aux derniers mots de René, tous les fous, hommes et femmes envahissent la scène entourant et menaçant Cardot.

SCÈNE XI

LES MÊMES, LES FOUS, puis LA BARONNE, LORIOT, caché derrière les personnages, ALICE et FANFERDOULE.

CARDOT, effaré.

A moi!... au secours!

RENÉ, lui saisissant le bras.

Ne tremble pas ainsi, Cardot! aie le courage de tes crimes. La plupart de ces martyrs ont, chez toi, à force de souffrance, perdu la raison! Les uns, tu les as volés, les autres, tu les fais mourir lentement, cruellement... Vois les regards de haine dont ils t'enveloppent... Ils te devinent, ils te pressent; ils ne te feront pas grâce. Ma colère et ma haine te surprennent... tu les comprendras quand tu te rappelleras que tu as voulu contraindre ma mère à un marché honteux... que c'est à cause de toi qu'elle est morte, et que c'est son fils qui vient la venger!

CARDOT.

Qui donc t'a révélé?...

LORIOT, qui est descendu à gauche.

Moi, patron!

Il se frotte les mains.

CARDOT.

Ah! serpent! je t'écraserai sous mes pieds!

Il tire un couteau de sa poche et court sur Loriot. La baronne
se met en travers et le désarme.

LA BARONNE.

Tu m'as pris mon argent, voleur!... Tu n'en prendras
plus à personne.

Elle le frappe; Cardot tombe. Alice et Fanferdoule entrent par
la porte à gauche. Alice tombe dans les bras de René.

FANFERDOULE, à Loriot.

Brave Loriot!... Je te ferai élever une petite statue...
une statue de poche... Té! Tu étais digne d'être du Midi!

Rideau.

FIN

Imprimerie générale de Châtillon-sur-Seine. — A. PICHAT.

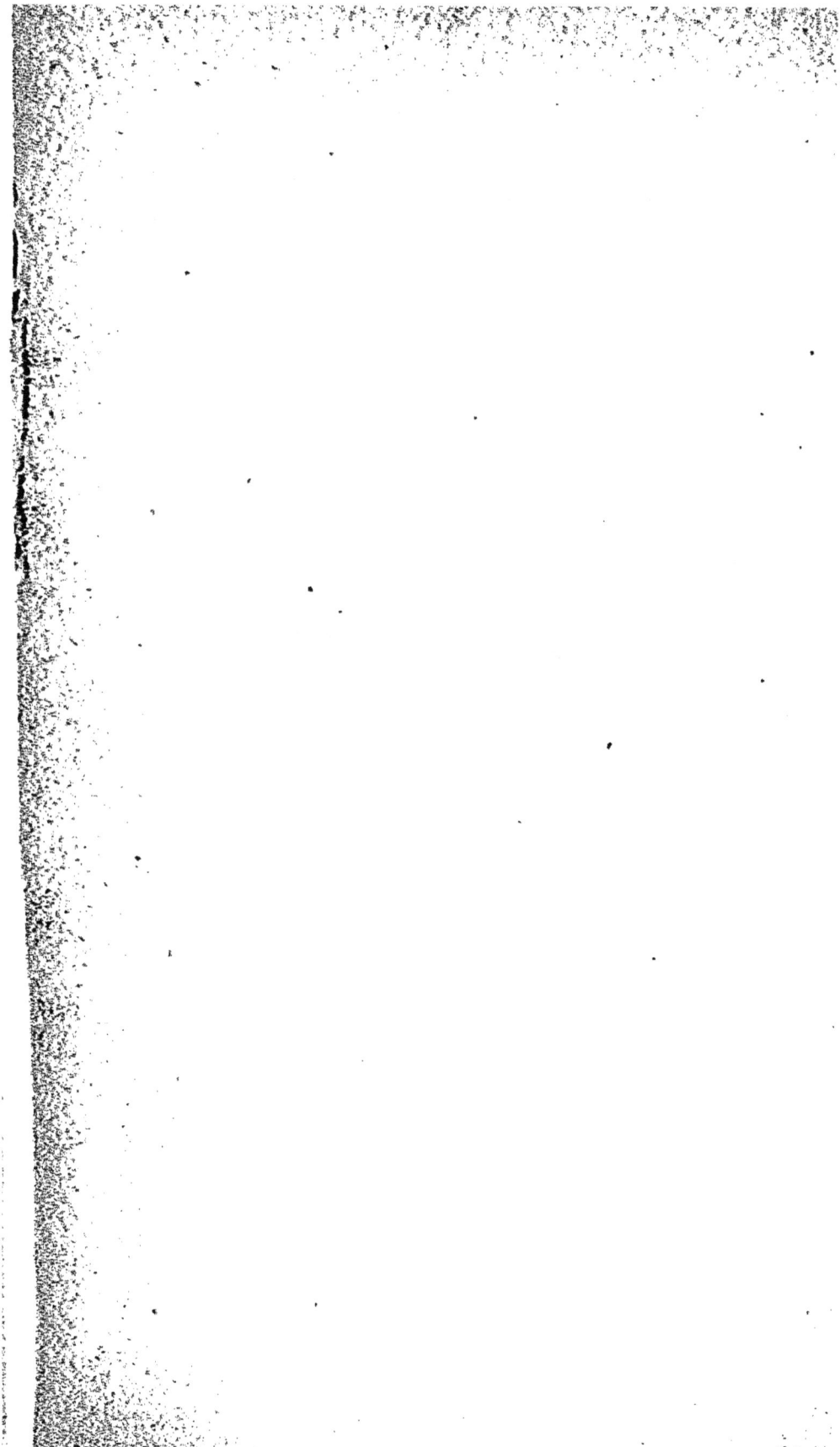

Librairie PAUL OLLENDORFF, 28 bis, rue Richelieu.
PARIS

L'AFFAIRE CERISIER, comédie en un acte, par Léon Muller (Cluny), in-18. . . . . 1 fr. 50

L'AS DE TRÈFLE, drame en cinq actes et neuf tableaux, par Pierre Decourcelle (Ambigu), in-18. . . . . 2 fr.

L'ASSASSIN, comédie en un acte, par Edmond About (Gymnase), in-18. . . . . 1 fr. 50

A L'ESSAI, comédie en un acte, par A. Cahen et G. Sujol (Fantaisies-Parisiennes), in-18. 1 fr. 50

L'ATHLÈTE, comédie en un acte, en vers, par R. Palefroi (Odéon), in-18. . . . . 1 fr. 50

AU CLAIR DE LA LUNE, revue en quatre actes et huit tableaux de MM. H. Mouréal, H Blondeau et G. Grisier (Menus-Plaisirs), in-18. . . . . . 2 fr.

LE BIBELOT, comédie en un acte, par Ernest d'Hervilly (Palais-Royal), in-18. . . . . 1 fr. 50

BIGOUDIS, comédie en un acte, d'Ernest d'Hervilly (Gymnase), in-18. . . . . 1 fr. 50

LA BONNE AVENTURE, opéra-bouffe en trois actes, par Emile de Najac et Henri Bocage, musique d'Emile Jonas (Renaissance), in-18. . . . . 2 fr.

LES CONVICTIONS DE PAPA, comédie en un acte, par E. Gondinet (Palais-Royal et Gymnase), in-18. . . . . 1 fr. 50

DIVORCÉS ! comédie en un acte et en vers, par L. Cressonnois et Ch. Samson, in-18. . . 1 fr.

DIVORÇONS-NOUS? comédie en un acte, par E. Grenet-Dancourt (Cluny), in-18. . . 1 fr.

LA FEMME, saynète en un acte, par E. Grenet-Dancourt (Palais-Royal), in-18. . . . . 1 fr.

GIBIER DE POTENCE, comédie-bouffe en un acte, par Georges Feydeau. (Concert-Parisien), in-18. . . . . . 1 fr. 50

LA GIFLE, comédie en un acte, par Abraham Dreyfus (Palais-Royal), in-18. . . . . 1 fr. 50

LA LAITIÈRE ET LE POT AU LAIT, pièce en un acte et en vers, par Busnach et Liorat (Palais-Royal) in-18. . . . 1 fr. 50

MADEMOISELLE DU VIGEAN, comédie en un acte, en vers, par mademoiselle Simone Arnaud (Com.-Française), in-18. 1 fr. 50

LA MAISON DES DEUX BARBEAUX, comédie en 3 actes par A. Theuriet et H. Lyon (Odéon) in-18. 2 f.

LE MAÎTRE DE FORGES, pièce en quatre actes et cinq tableaux, par Georges Ohnet (Gymnase), 11e édition, in-18. . . . . 2 fr.

MON FILS, pièce en trois actes, en vers, par Emile Guiard Odéon), in-8 . . . . 3 fr. 50

LES NOCES DE MADEMOISELLE LORIQUET, comédie en trois actes, par E. Grenet-Dancourt (Cluny), in-18. . . . 2 fr.

LE PARAPLUIE, comédie en un acte, par Ernest d'Hervilly (Odéon). in-18. . . . 1 fr. 50

LE PÈRE DE MARTIAL, comédie en 4 actes, par Albert Delpit (Gymnase), in-18. . . 2 fr.

POUR DIVORCER, comédie en un acte, par Victor Dubron, in-18. . . . . 1 fr. 50

PRÊTE-MOI TA FEMME comédie en deux actes en prose, par Maurice Desvallières (Palais-Royal, le 10 septembre 1883, in-18 . . . . 1 fr. 50

LE PRÉTEXTE, comédie en un acte, en prose, par Jules Legoux (Vaudeville), in-18. 1 fr. 50

LA RUPTURE, drame en trois actes, en prose, par E. Dalmont, in-18. . . . . . 2 fr.

SERGE PANINE, pièce en cinq actes, par Georges Ohnet (Gymnase), in-18. . . . . 2 fr.

SMILIS, drame en quatre actes, en prose, par Jean Aicard (Comédie-Française), in-18. 2 fr.

THE TIMES, saynète anglaise, jouée par mademoiselle Reichenberg, texte d'Olivier du Chastel, musique de Ch. M. Widor, in-18. . . . . . 1 fr. 50

TOUJOURS ! comédie en un acte, par Ch. de Courcy (Comédie-Française), in-18 . . . 1 fr. 50

TROIS FEMMES POUR UN MARI, comédie-bouffe en trois actes, par E. Grenet-Dancourt (Cluny), 3e édit. in-18. . . . . . 2 fr.

UN CRANE SOUS UNE TEMPÊTE, saynète par Abraham Dreyfus (Gaîté), 2e édition, in-18 . 1 fr.

UN PARI DANGEREUX, pièce en un acte, par Alphonse Laiglo (Odéon), in-18 . . . . 1 fr.

UNE MATINÉE DE CONTRAT, comédie en un acte, par Maurice Desvallières (Comédie-Française). . . . . 1 fr. 50

VOLTE-FACE, comédie en un acte en vers, par Emile Guiard (Comédie-Française), in-18. 1 fr. 50

IMPRIMERIE GÉNÉRALE DE CHATILLON-SUR-SEINE — A. PICHAT.

www.ingramcontent.com/pod-product-compliance
Lightning Source LLC
Chambersburg PA
CBHW050023100426
42739CB00011B/2759